Awaken Your Soul
Rise and Shine

Nadine Simmerock

© 2025 Nadine Simmerock
Verlag: BoD · Books on Demand GmbH,
In de Tarpen 42, 22848 Norderstedt, bod@bod.de
Druck: Libri Plureos GmbH, Friedensallee 273,
22763 Hamburg
ISBN: 978-3-7693-5251-1

"Sich an schlechte Erfahrungen zu erinnern und in ihnen zu verweilen, ist ein Missbrauch von Gottes Geschenk an uns, der Erinnerung. Stattdessen sollte man geloben: „Ich werde die Erinnerung nur nutzen, um gute Gedanken und Erlebnisse in Erinnerung zu rufen. Ab diesem Moment verbanne ich alle unangenehmen Erinnerungen aus meinem Geist. Sie gehören dem sterblichen Wesen. Ich bin ein Kind des Geistes. Ich werde alles Gute sehen, hören, schmecken, berühren, fühlen und wollen. Ich werde nur das Gute aus meinen Lebenserfahrungen nehmen und nur das Gute in meiner Erinnerung bewahren.“
Verbanne für immer den Missbrauch der Erinnerung."

Paramahansa Yogananda

Widmung

In liebevoller Erinnerung an dich, liebste Barbara!
Meine liebe Freundin, die stets mit Liebe erfüllt war
und immer versucht hat, dass die Menschen
respektvoller und liebevoller miteinander umgehen.
Danke, dass du nun tanzt und weiterhin deine
Liebe durch dieses Buch und deine unsterbliche
Seele verbreitest.
In tiefer Dankbarkeit und Liebe für deine Begleitung
auf der Erde und jetzt aus dem Astralreich!
Jetzt bist du wieder der Engel, der du immer
gewesen bist!
Hab dich lieb
Deine Nadine

INHALTSVERZEICHNIS

Einführung- Rise and Shine

In einer Welt, die oft von Hektik und äußeren Erwartungen geprägt ist, sehnen wir uns insgeheim nach tieferem Sinn, nach einem Leben, das unsere Herzenswahrheit widerspiegelt. „Awaken your Soul" nimmt dich mit, auf eine transformierende Reise, die das Potenzial hat, jeden Aspekt deines Lebens zu erhellen und zu bereichern.

Dieses Buch ist eine Einladung, innezuhalten und den leisen, doch beharrlichen Ruf deiner Seele zu hören. Es ermutigt dich, in deine hohen Bewusstseinsebenen einzutauchen, verborgene Potenziale zu entfalten und die einzigartige Kraft, die in dir wohnt, zu entdecken.

Du wirst inspiriert, alte Muster abzulegen, dich von Fesseln zu befreien und den Mut finden, deinen authentischen Pfad mit Zuversicht und Leidenschaft zu beschreiten.

Lass uns gemeinsam die Fesseln des Gewohnten sprengen und einen Raum schaffen, in dem Herz und Seele im Einklang tanzen – wo du zur besten Version deiner selbst erblühen kannst.

„Awaken your Soul" ist nicht nur ein Buch, sondern ein Erwachen zu einem Leben voller Bedeutung, Erfüllung und grenzenlosem Potenzial.

Bereit, deine Seelenkraft zu entfalten?

Dann legen wir los und ich nehme dich mit auf die Reise zu deiner Seele! Mit jeder Seite die du liest erweckst du deine Seelenanteile wieder und immer mehr werden dazu kommen, bis du die Seele wieder bist. Mit allem was dir gehört, deinem Seelenweg und deinem aktivierten Seelenplan!

Ich hoffe das mein Buch eine wunderschöne Quelle der Inspiration und Freude sein wird für dich, Leichtigkeit und Freude im Einklang mit der Seele einfängst und sie nie wieder los lässt!

Nochmals kurz zusammengefasst, wir leben in einer Welt, in der wir oft durch To-Do-Listen und äußere Verpflichtungen getrieben werden, sehnen sich die meisten Menschen nach Momenten der Leichtigkeit und wahrer Freude – jene kostbaren Augenblicke, in

denen die Seele aufatmet und das Herz vor Glück tanzt. Diese
Freude ist nicht vergänglich oder abhängig von äußeren Faktoren;
sie entspringt tief aus deinem Innersten, aus der Verbundenheit mit
deiner wahren Essenz.

„Awaken your Soul" lädt dich ein, diese Freude dauerhaft in dein
Leben zu integrieren. Indem du dich von altem Ballast befreist und
die Schranken des Alltags hinter dir lässt, schaffst du Raum für die
Seele, um in ihrer vollen Pracht zu erstrahlen. In diesem Zustand der
Leichtigkeit wird das Leben müheloser, voller Anmut und Fülle.
Durch bewusste Achtsamkeit und das bewusste Streben nach
innerem Frieden werden selbst alltägliche Herausforderungen zu
Gelegenheiten, das strahlende Licht in dir zu erkennen und zu
fördern. Mit jedem Schritt in diese Richtung wird dein Weg klarer und
freudiger, getragen von der Energie des Herzens.

Lass uns also diese Reise antreten, die Seele in ihrer reinsten
Seelenessenz und Form wieder zu entdecken und eine Welt zu
erschaffen, in der Freude zur treibenden Kraft wird. Denn in der
Freude und Begeisterung liegt die wahre Magie des Lebens – und
sie steht uns allen offen.

Möge dieses Buch dich dazu ermutigen, dein Leben
auszuschöpfen, es jeden Tag mit Begeisterungen zu
leben, wieder begeistert sein von dir, von deinem Sein,
jedem Moment. Das ist Seelenpower! Und genau diese
einzigartige Kraft und Schönheit deiner Seele möchte ich
mit dir freilegen!

Ich hoffe, dass jedes Wort, das du liest, in dein Herz
aufsteigt, um deine wahre Magie zu entdecken und die
strahlende Schönheit deiner eigenen Seele zu erkennen.

Vielen Dank

Rise and Shine und werde zum Besten was du bist und
lebe dich mit Begeisterung!

In Liebe

Deine Nadine

Der Ruf deiner Seele

Kennst du den Ruf nach mehr?
Der Ruf der Seele, wenn du spürst das du nicht mehr zufrieden bist,
ein Verlangen nach Veränderung, Erneuerung, Höher zu kommen,
dich nach mehr sehnst, weiter, grösser, etwas Außergewöhnliches
erschaffen möchtest, wenn du das Gefühl hast platzen zu müssen,
dass du etwas verändern musst? Kennst du das?
Dann hat deine Seele an deine Herzenstür geklopft und es wird Zeit
sie zu öffnen!
Es gibt Momente im Leben, in denen tief in uns ein leiser, doch
unüberhörbarer Ruf erklingt – ein Sehnen, das uns wissen lässt,
dass es an der Zeit ist, alte Pfade zu verlassen und neue
Wirklichkeiten zu erschaffen. Dieses Gefühl, dass unsere derzeitige
Umgebung nicht mehr unseren inneren Horizonten entspricht, kommt
von der Seele, die uns einlädt, größer zu träumen und zu handeln.
Wenn sich in dir das Verlangen nach Veränderung regt, wenn du
spürst, dass dein Herz nach etwas Greifbarem, Bedeutendem und
Außergewöhnlichem strebt, ist es der liebevolle Weckruf deiner
Seele, die an die Tür deines Herzens klopft. Sie erinnert dich daran,
dass du mehr bist als das, was du bisher gelebt hast – dass in dir
eine unermessliche Kraft und Kreativität existiert, die darauf wartet,
entfesselt zu werden.
Dieser innere Drang fordert dich auf, die Ketten der Gewohnheit
abzulegen und über die gewöhnlichen Grenzen hinauszuwachsen.
Es ist eine Einladung, deiner Herzenergie, Raum zu geben und in
voller Pracht zu erblühen. Deine Seele sehnt sich danach, dass du
deine wahre Bestimmung findest und den Mut aufbringst, deinem
authentischen Wesen Ausdruck zu verleihen.
Lass diesen Ruf nicht ungehört verhallen. Öffne dich den
Möglichkeiten, die vor dir liegen, und vertraue darauf, dass dein Weg
von deinem innersten Licht geleitet wird. Denn die Reise, die deine
Seele vorschlägt, führt dich zu einem Leben voller Erfüllung,
Wahrheit und grenzenlosem Potenzial.
Dann bist du nicht allein und hier und jetzt brauchst du es auch nie
wieder zu sein oder dich zu fühlen.

Dieses Gefühl für MEHR ist dein Seelenruf, alles zu sein, was du bist.
Ich habe deinen Ruf gehört, denn du hältst das Buch in deinen Händen!
In deiner Seele liegt die Energiequelle, die nur darauf wartet, entdeckt zu werden, dann entfacht werden kann, um schließlich gelebt zu werden.
Dimme nie wieder dein Licht, für Nichts und Niemanden!
Wir können nur der Welt dienen, wenn wir unser Seelenlicht vollkommen erblühen lassen!
Und denke daran, ein Verlangen nach mehr, ein Herzenswunsch ist immer deine Überseele, dein Überherz, das an deine Seelentüre klopft, damit du noch mehr Gutes entgegennimmst und geben kannst!
Dieses Buch ist eine Einladung zu einer Schatzsuche, DEINER Schatzsuche, nach dem wertvollsten Schatz- nämlich deiner Seele.
Verbinde dich mit deiner wahren Essenz und werde zu einem kraftvollen Schöpfer deiner eigenen Realität.
Oh ja, lass uns beginnen.

Die verschiedenen Bewusstseinsebenen eines Menschen

Legen wir direkt los. Ich möchte dir die verschiedenen Bewusstseinsebenen unseres Daseins beschreiben:

In den Höhen unserer Existenz liegt ein facettenreiches Feld von Bewusstseinsebenen, die unserem Dasein hier auf der Erde zur Verfügung stehen, aus denen wir entstanden sind und uns ebenso prägen wie beeinflussen. Diese Ebenen zu verstehen, eröffnet uns ein mächtiges Werkzeug, um unser Leben bewusst zu gestalten und unser volles Potenzial auszuschöpfen.
Hier oben ist dir schon alles gegeben, hier oben ist schon für dich gesorgt und alles vorbereitet. Glaubst du nicht? Dann warte mal ab!
Mir ist das so wichtig, dass du diese Ebenen verstehst, weil wenn du es verstanden hast, wie du aufgebaut bist und es dir klar wird, du es komplett verinnerlichst, dann kann dir Niemand mehr was anderes verkaufen, andrehen oder versuchen dich draus zu bringen. Du bist das schönste Wesen, was es gibt, und das entfalten wir! Ich werde dir von oben jede uns zur Verfügung stehende Ebene erklären, bis runter zum Körper.
Ich weiß dir werden die Schuppen von den Augen fallen, Lichter aufgehen und insbesondere diese Ebenen. Nur durchs Lesen werden sie wieder aktiviert und du wirst es einfach fühlen.
Du wirst die Wahrheit über dich fühlen!
Legen wir direkt los:

Der göttliche Kern:
Am höchsten punktiert ist das Konzept der **Überseele**, der göttliche Kern. Dieser ruht in der göttlichen Energie, in Gott und kann niemals angegriffen oder verwundet werden. Das ist unmöglich. Damit sind wir immer und ewig mit der universellen Quelle verbunden. Sie trägt das gesamte göttliche Wissen und die Weisheit in sich, dass wir absolute göttliche Wesen sind. Darin ist auch das sogenannte

Überherz enthalten und das wiederum ist verbunden mit dem Herzen des Menschen und dem kosmischen Herz, der göttlichen Mutter. Unangreifbar, unantastbar. Verstehst du, es kann uns in Wahrheit niemals was passieren, du bist in Wahrheit unantastbar! Du bist damit schon mit ALLEM versorgt, was du dir vorstellen kannst. Dein Herz ist schon verbunden mit dem Überherz und damit mit dem kosmischen Herz. Es schlägt in der vollkommenen Liebe. Es ist wirklich alles Eins, alles schlägt im Rhythmus des Universums, davon wirst du unaufhaltsam genährt. Das goldene Licht ist dein Puls, deine Nahrung, deine Lebensenergie- alles zugleich. Für dich ist aus dieser obersten Quelle gesorgt und es versiegt nie! Ist das nicht wundervoll?
Hier wird die Aussage unterstrichen, Du bist eins mit Gott. Ja das bist du wirklich!
Hier möchte ich dir eine kleine Übung schon mal vorab geben. Für dich selbst, um deine Verbundenheit sofort zu aktivieren, oder falls du dir um Jemanden wirklich Sorgen machst, weil es demjenigen gar nicht gut geht, oder es manchmal sogar passiert, dass Jemand in die absolute Selbstzerstörung geht, und man vielleicht den Anschein hat, derjenige hat sein Herz verloren, dann kannst du sofort diese Ebene ansprechen.
Sprich die Überseele, das Überherz von dir selbst an oder von diesen Menschen.

Sage: (für einen anderen Menschen bitte in sie oder er Form ändern)
"Bitte meine liebe Überseele und mein geliebtes Überherz. Ihr pulsiert unaufhaltsam für mich, durch all meine Bewusstseinsebenen, bis runter in mein Sein und in mein Herz. Bitte aktiviert Heilung in mir und dass mein Herz wieder den gesunden Rhythmus von dir, liebes Überherz, aufnimmt und dadurch auch vom kosmischen Herz. All die goldene, kosmische, göttliche Liebe pulsiert in mir und Heilung beginnt! Vielen Dank!"
Dann lasse los, mit tiefer Dankbarkeit und offen für Wunder!
Die Überseele beinhaltet alles, sie ist grenzenlos und allmächtig!

Die Seele:
Unter der Überseele liegt die **Seele** selbst, unsere einzigartigste und unverwechselbare Essenz, die unseren tiefsten Antrieb und unsere inneren Sehnsüchte formt. Sie trägt das Wissen und die Weisheit aller Erfahrungen, die unsere Seele jemals gemacht hat, und lenkt uns sanft in die Richtung unserer Bestimmung. Hier findest du die Individualität wieder, den individuellen Spirit, so dass zum Beispiel bei einem Mediumship Reading, ich die Merkmale der Seele erkennen kann und man somit weiß, wer da ist.
Ansonsten ist die Seele das pure göttliche Licht der Überseele. Es gibt eigentlich keinen Unterschied, nur das hier deine Essenz der Individualität hinzukommt. Deine Seele leuchtet in rosa, gold und weiß. Und dann kommen über die Individualität deine Seelenanteile hinzu, die nur darauf warten, alle freigelegt zu werden und vor allem von uns auf der Erde gelebt zu werden.
Die Seele ist auch umgeben von 12 Seelenebenen, die zusätzlich als Schutz dienen. Sie spiegeln die Grundwerte einer Seele, also eines Menschen wieder. Diese 12 Seelenwerte sind unser Geburtsrecht.

Sie sind wie folgt:
1) Seelenwürde
2) Seelenfreude
3) Seelenliebe
4) Seelenentwicklung
5) Seelenintuition
6) Seelenanmut
7) Seelendemut
8) Seelenfrieden
9) Seelengerechtigkeit
10) Seelentreue
11) Seelenreichtum
12) Seelenschutz

Ich erkläre sie ganz ausführlich in einem späteren Kapitel.
Hier eine kleine Übung zur Aktivierung deiner Seelenanteile und der 12 Seelenebenen.

Sage:
"Meine liebste Seele, du bist so wundervoll und atemberaubend schön. Alle meine 12 Seelenebenen und Seelenanteile stehen mir jetzt schon zur Verfügung und ich bitte dich sie mir jetzt, zum Besten und zum Wohle von mir und allem und allen, zu aktivieren. Hauche deinen Seelenatem durch all meine Ebenen und Anteile, so dass sie wieder pulsieren. Sie gehen auf, atmen wieder. Ich nehme jetzt selbst, als dieses kleine Menschenkind, tiefe Atemzüge und sie vereinen sich mit deinem Seelenatem und werden zu riesigen Atemzüge in meinen Seelenebenen, um alle meine Seelenanteile zu erwecken und alle meine Bewusstseinsebenen, im vollkommenen Einklang meiner Überseele und meines Überherzens! Vielen Dank."

Der Higher Mind:
Der **Higher Mind** fungiert als Vermittler zwischen unserer Seele und unserem bewussten Verstand. Er bietet Einsichten und Intuitionen, die uns ermutigen, über die offensichtlichen Horizonte hinauszublicken und neue Möglichkeiten zu erkennen und vor allem wahrzunehmen das wir Seele sind!
Unser Higher Mind sitzt sozusagen auf der Bergspitze, im Einklang mit der Überseele und der Seele und kann alles überblicken. Alles überschauen und erkennen. Er sieht gleichzeitig in alle Richtung und überschaut alle Zeitlinien. Er sieht genau welche Zeitlinie für dich die beste ist, die höchste Seelenlinie, die du begehen kannst. Bist du bereit sie auch anzunehmen und deinen höchsten Seelenplan zu aktivieren? Dieser liegt hier auf dieser Ebene, hier stehen uns also der Seelenplan, die Zeitlinien und die Seelenlinie zur Verfügung! Unglaublich, oder?
Es ist alles so spannend und so wundervoll, oder nicht. Es ist alles da, alles für uns vorbereitet!
Der Higher Mind sollte ganz in Verbindung stehen mit unserem physischen Mind, unserem Bewusstsein. Diese Beiden sollten eine tiefe Freundschaft bilden, eine flüssige Kommunikation haben und in enger Zusammenarbeit sein. Der Higher Mind ist so wundervoll, so besonders und er wartet nur das du wieder Kontakt aufnimmst und

ihn durch dich agieren lässt und somit nur dein Bewusstsein, deine
Zeitlinien, deine Seelenlinie und deinen Seelenplan! Der Higher Mind
ist die Stimme unserer Seele, die konstant und liebevoll mit uns
spricht.
Hast du Lust ihn gleich ein bisschen zu aktivieren?

Dann sage:
"Lieber Higher Mind, ich liebe dich und danke das du da bist und das
du bis jetzt immer auf mich Acht gegeben hast, auch wenn ich mir
deiner unendlichen Hilfe und Fürsorge gar nicht bewusst war! Jetzt
bin ich es und ich bin dir unendlich dankbar. Bitte aktiviere jetzt durch
deine unendliche Liebe für mich, die Direktzufuhr zu meinem
wundervollen Bewusstsein, dass nur auf deine liebevolle
Freundschaft wartet. Aktiviere meine Zeitlinien, meine exquisite
Seelenlinie und entfache damit ein Feuerwerk in der Aktivierung
meines höchsten, goldenen Seelenplanes! Alles pulsiert in deiner
Vollkommenheit, ich kann es kaum glauben, wie schön ich durch
dich bin. Du schenkst mir deine strahlende Weisheit, Schönheit und
verbindest dich über die Intuition mit meinem Bewusstsein. Es ist mir
eine Ehre das du durch mich wirken kannst auf dieser Erde! Vielen
Dank!"

Nun teilt sich die Higher Mind Ebene in 2 Ebenen

Die Layout Ebene:
Das ist deine Ebene der Manifestation, hier kannst du alles kreieren
und erschaffen! Diese Ebene ist der Bereich zwischen dem
Sichtbaren und dem Unsichtbaren. Wo das Unsichtbare sichtbar
gemacht wird und dann in die gesamte Sichtbarkeit auf der Erde
gebracht wird! Hier auf dieser Ebene besitzt du eine goldene
Leinwand, die du wieder benutzen kannst, um deine Energie zu
lenken und wirklich das zu kreieren, was du möchtest. Du bist ein
wundervoller energetischer Architekt, der sich alles erbauen,
erschaffen kann, was er möchte! Hier ist alles möglich. Hier kannst
du deine gesamte Schöpfungskraft einsetzen und das unsichtbare

sichtbar machen. Dafür habe ich das Seminar " Aura Architektur"
erschaffen, damit du es ganz gezielt lernen kannst!
Der Higher Mind hat einen direkten Einfluss auf diese Ebene, also
wenn du etwas manifestierst, dann mache es auf dieser Ebene,
immer im Einklang mit deinem Higher Mind- er ist dein Leader, dein
Beschützer, dein Magier, dein Seher- ich sag immer zu ihm- Du bist
mein Ein und Alles!
Magst du deine goldene Leinwand wieder benutzen?

Sage:
Ich rufe wieder meine goldene Leinwand ins Leben. Jetzt sehe ich
dich vor mir, riesengroß und golden. Du bist genährt vom goldenen
Strahl der Mutter Erde und vom goldenen Strahl des Universums.
Alles, was ich auf dir erschaffe wird Wirklichkeit, alles was dich
berührt wird zu gold. Ich liebe dich, meine goldene Leinwand und
hier und jetzt setzte ich meine erste Manifestation auf dich, im
Einklang mit meinem Higher Mind und meiner Überseele.
Setze jetzt deinen wahren Seelenwunsch darauf, in Form eines
klaren Bildes oder eines Filmes, der sich immer wieder vor dir
abspielt.
Hüpfe nun in deine Leinwand rein und spüre wie alles pulsiert, erfüllt
von deinen Glücksgefühlen, dem gold und all deinem Glauben
daran. Spüre dich, spüre die Freude, das Erstrahlen, das Pulsieren,
das Erfüllt sein. Kein Zweifel, es ist!
Dann hüpfe wieder aus der Leinwand, aber dadurch das du sie mit
dir und deinem Sein aufgefüllt hast, lebt sie und alle
Bewusstseinsebenen arbeiten nun mit dir daran, dass es Wirklichkeit
wird.
Es ist jetzt Wirklichkeit!
Vielen Dank!"

Der Blueprint:
Der Begriff "Blueprint" wird oft im Zusammenhang mit einem
detaillierten Plan oder einer Vorlage verwendet, um etwas zu
erschaffen oder zu gestalten. In deiner Blueprint Ebene hast du alles

drin was du jemals geschafft oder erschaffen hast. Deine persönlichen Entwicklungsschritte, als Leitfaden, der klare Schritte und Strategien beinhaltet, um bestimmte Ziele in diesem Leben zu erreichen.

Beim Blueprint geht es darum, deinen Weg zu entfalten, den du dir vor deiner Geburt festgelegt hast, der auf deinen einzigartigen Fähigkeiten, Erfahrungen und Interessen basiert. Er hilft dir, deine höchsten Seelenweg zu beschreiten und hilft dir deine Leidenschaften in ein erfolgreiches und erfüllendes Leben umzuwandeln. Der Blueprint dient dir als Kompass, um zielgerichtet voranzuschreiten und Hindernisse zu überwinden, während du den Weg zu deinem Traumleben gestaltest.

Ist das nicht wunderbar?

Sage dir:
Liebste Blueprint Ebene, in dir ist all mein Gutes schon vorhanden, aller Zauber, alle Wunder, alle Magie. Ich bitte dich jetzt um dein neues Entfachen. Ich muss nicht wie verzweifelt auf der Erde suchen, das wird mir gerade sonnenklar. Ich darf dich mit dem gold des Universums, mit der Liebe meiner Überseele, mit der Passion meines Higher Mindes wieder voll und ganz zum Leben erwecken und meine Arme ausbreiten und Wunder erwarten! Alles ist schon da und wird hier und jetzt aktiviert.

Vielen Dank"

Das Massenkollektiv:

In der Gemeinschaft unserer Art existiert das **Massenkollektiv**, ein gemeinsamer Bewusstseinsraum, der uns verbindet und dem wir ebenso geben wie empfangen. Hier fließen kollektive Erfahrungen und Lehren, die wir in unsere individuelle Wahrnehmung integrieren können.

Das Massenkollektiv verbindet alle Seelen, die gerade auf der Erde sind und wir haben uns Einverstanden erklärt, genau in dieser Zeit mit all diesen Seelen da zu sein.

Hierin sind die aktuellen Regeln und Formen zu leben, also bitte tu dir selbst den Gefallen und geh nicht gegen alles an und entzieh dir selbst die Energie. Nur ein Beispiel, WLAN oder Wifi, es ist ungesund. Ja. Es gibt so viele Frequenzen, ich bin mir sicher man hätte auch Frequenzen suchen können dafür, die nicht schädlich gewesen wären für den Menschen. Aber man hat es. Kann man sich dagegen auflehnen? Ja klar. Bringt es was? Nein.
Und das bedeutet das Massenkollektiv. Nimm es an. Viel sinnvoller ist es dann, einen Weg zu finden seinen Körper, das Sein, die Aura zu schützen, um leben zu können, im Kollektiv, das sich schon lange vorher entschieden hat, dass es zu dieser Zeit WLAN und diese Dinge eben gibt.
Hier findest du die Spielregeln der Welt, für alle Menschen, die im Moment hier sind.
Verstehst du?
Verliere nicht deine kostbare Zeit damit, dagegen anzugehen. Sondern wenn dann kreiere lieber was Schönes für das Massenkollektiv!

Sage:
"Vielen Dank liebe Massenebene, für deine unaufhaltsame Liebe, in der du uns allen Seelen, die in diesem Moment auf dieser Erde sind, zur Verfügung stehst, uns verbindest und immer den höchsten Weg anbietest. Ich bin jetzt bereit. Jetzt stehe ich dir als Helfer und Werkzeug zur Verfügung, das du durch mich, hier auf Erden wirken kannst. Ich bin dein goldenes Werkzeug.
Ich bin bereit. Vielen Dank!"

Der individuelle Level:
Auf dem **individuellen Level** definieren wir unsere persönliche Identität und unser Selbstbild. Du warst einverstanden hier zu sein, in diesem Moment. Du hast das Leben auf der Erde gewählt und hast dir alles vorbereitet. Alles. Du hast dich lange vorher entschieden dieses Leben zu leben.

In diesem Level finden wir auch alles ungelöste Karma, also alles, was noch nicht erlöst ist und wieder in Frieden gebracht werden muss.

Situationen, Begebenheiten, frühere Schocks usw., auch mit anderen Menschen. Hier ist das wahre Karma, oder Unerlöste, nur hier. Aber hier sieht man es, Erkennt es und ist wird gelöst, vergessen, vergeben.

Wenn du in gefühlt in einer Endlosschleife festhängst, wo dir immer wieder erzählt wird, ja hier musst du noch was lösen, ja hier auch, und da, und hier gibt es noch eine Verknüpfung und da noch was, dann solltest du aussteigen, denn dann bist du und/ oder der der dir Helfen will in den Schattenkreationen. Wenn du dort einmal in den Schlamm langst, kommt nur weiter Schlamm zum Vorschein und eine Endlosschleife, des endlos lösen von Karma, alten Leben, Schmerz, usw. hat begonnen, wobei man nie eine Lösung hinbekommt. Es wird zu einem endlosen Lösen der endlosen Schattenkreationen!

Tu dir das nicht mehr an, denn es ist absolut FALSCH! Du findest Karma oder Unerlöstes nicht in den Schattenkreationen- das sind Illusionen.

In deiner Individuellen Seelenebene findest du noch gegebenenfalls etwas, das löst du und gut ist. Dann kannst du Schöner und Strahlender weitergehen. Verstehst du?

Das ist dein ganz individueller Level, wo alles drin ist, was du jemals gewesen bist und bist. Absolut alles ist hier gespeichert. Hierin liegt auch die Akasha Chronik und dein zauberhafter Seelenstern. Er beinhaltet alles von dir und ist wunderschön, leuchtet und versucht dir immer den Weg zu zeigen

Und das Schöne ist, finde ich, du hast dich vorbereitet. Du hast schon alle Werkzeuge hier abgespeichert, alles Wissen, alle Weisheiten, die du für jegliches Bewältigen von Karma brauchst oder von aktuellen Herausforderungen. Ist das nicht genial, bist du nicht genial?

Du hast dir alles Gute und Helfende schon zur Seite gestellt, noch bevor du auf die Erde kamst.

Sage dir jetzt:

Ich bin ab heute niemals mehr bereit freiwillig in den irdischen Schattenkreationen nach Lösungen zu suchen!

Ab heute habe ich verstanden, dass wenn es noch irgendetwas Unaufgelöstes gibt, egal aus welcher Zeit, egal weshalb oder warum, ob von mir verursacht oder von einem anderen Menschen, dann gehe ich auf diese Ebene und bitte hier um Erlösung und das passende Werkzeug dazu, denn es steht mir schon zur Verfügung.

Gleichzeitig vergebe ich und ich weiß mir ist vergeben.

Nun bitte ich um die Aktivierung meines Seelensterns- das er mich wieder führt und leitet. Bitte lasse jetzt auch meine Akasha Chronik erstrahlt, die nur Gutes für mich bereit hält.

Ich erinnere mich wieder an alles, was ich mir zur Verfügung gestellt habe und freue mich darüber!

So einfach ist es! Vielen Dank!"

Die unterbewusste Ebene:

Nun kommen wir zum **unbewussten Level**, in diesem tief verankerte Muster und Prägungen residieren. Oft verborgen, beeinflussen sie stark unser Handeln und unsere Entscheidungen. Unsere Gedanken, Überzeugungen, Gefühle und Handlungen manifestieren sich hier und spielen eine entscheidende Rolle in der Lebensgestaltung.

Im Unterbewussten liegen auch alle übernommenen Muster, sowie Familienprogramme, Ahnenangelegenheiten und natürlich Prägungen der Kindheit.

In diesem Level setzt sich unser Dreieck zusammen aus, Gefühle-Herz, Gedanken-Mind und Handeln-Körper. Sie sollten normalerweise ein ausgeglichenes Dreieck bilden und somit würden sie auch ein ausgeglichenes Team in uns bilden, das für uns arbeitet- in der Gedankenkraft, emotionalen Ausgeglichenheit und positiven Handlungsweise. Je ausgeglichener dieses Zusammenspiel in uns ist, und je positiver, umso ausgeglichener sind wir und unser Leben. Ich denke hier drin haben wir auch die Resilienz und ob wir mutig voranschreiten.

Ich finde diese unterbewusste Ebene äußerst wichtig, denn hier entsteht das Ego.

Wenn alles ausgeglichen ist, dann besitzt du ein positives Ego, das heißt, du kannst gesunde Grenzen setzten, bist emphatisch, ehrlich, gesund, kraftvoll und du lebst für dich und für das Allgemeinwohl.

Ist das Dreieck nicht ausgeglichen, entsteht ein negatives Ego, wobei man Ich bezogen wird, unempatisch, kritisch, ängstlich, wütend und letztlich nur nach sich schaut und in die Schattenkreationen, weil die dann ganz attraktiv wirken!

Für mich ist eins ganz klar, wir bekommen das sogenannte Ego nie los. Aber warum auch, im positiven Zustand dient es uns doch. Es unterstreicht unsere Individualität und Stärke. Nur das meiner Meinung nach das Ego immer mit Negativem verbunden ist. Freu dich eher über deine Eigenständigkeit und den individuellen Ausdruck den du hier besitzt. Du musst nur dein Team auf deiner Seite haben.

In der unbewussten Ebene sitzt DEIN Team, also, alle gespeicherten Glaubenssätze, Programme, Emotionen, und Gedankenvorgänge sollten dein Team bilden. Sie sollten wie Cheerleaderinnen sein, die dich anfeuern, zujubeln und dir jeden Tag zur Verfügung stehen. Dir zurufen, "Du bist toll!", "Du schaffst das!", "Du bist erfolgreich!", "Ich liebe dich!", usw.

Wenn diese Ebene falsche Programmierungen drin hat, dann geht quasi, dein Team, das für dich sein sollte, GEGEN dich. Dann wird es Zeit gewisse Teammitglieder auszutauschen oder ein neues Team zu bilden.

Aber wieder, alles was falsch programmiert ist in dir findest du in dieser Ebene, nicht unten in den Schattenkreationen, im Schlamm, wo es sein kann, dass du nie wieder aus dem Schlamm findest.

Wenn du hier löst und umprogrammierst, dann gibt es auch ein Ende, denn wenn deine ganzen Teammitglieder für dich sind, dann hast du ein Cheerleader- Team zusammen, das für immer für dich da ist!

Bereit für deine Veränderung?

Dann sage dir:
Liebes Dreieck, vielen Dank das du da bist. Ich bin jetzt bereit alles auszugleichen, was Ausgleich braucht, in meinen Gefühlen, in meinen Gedanken, in meinen Handlungen. Ich bin hier und heute auch bereit, alles Alte, mir nicht mehr dienliche, gehen zu lassen. Alle Programmierungen aus der Vergangenheit, sei es aus meiner Kindheit, von meinen Eltern, von Familienabspeicherungen, ungelösten Ahnenverflechtungen, aus dem Hier und Jetzt, oder aus vergangenen Leben, Zeiten, Ebenen oder Dimensionen. Egal ob es wie implantiert wurde oder ich es freiwillig übernommen haben. Ich bitte hiermit, das Gold dieser wundervollen Ebene, alles zu bearbeiten, umzuwandeln und zu heilen, was jetzt möglich ist. Ich bilde jetzt ein wundervolles Cheerleader-Team, dass mich unterstützt, anfeuert, zujubelt und aufbaut.
Ich danke für meinen individuellen Ausdruck!"

Das Bewusstsein- physischer Mind:
Nun treten wir vom Unterbewusstsein in das Bewusstsein ein!
Unser **Bewusstsein** ist die Ebene, die wir am direktesten erleben, denn sie ist durch den psychischen Mind mit dem Körper verbunden. Hier treffen sich die äußeren Reize mit inneren Reaktionen, und wir entscheiden, wie wir auf die Welt um uns herum reagieren. Dieses bewusste Erleben ermöglicht es uns, die Realität aktiv zu gestalten und uns weiterzuentwickeln.
Wie schon erwähnt, sollte diese Ebene mit dem Higher Mind in tiefer Freundschaft sein. So werden wir durch unsere Gefühle- Intuition, Gedanken- Eingebungen, geleitet und geführt und können die richtigen Entscheidungen treffen und positiv für unseren höchsten Seelenweg handeln!
Du kannst dir vorstellen, das hier alles dazugehört was uns als Aura, Torusfeld, Diamantfeld, Chakren, Hellkanäle, Sinnesorgane, Körper usw. zur Verfügung steht.
Die Aura ist die Energie die uns umgibt, das sind wir. Um die Aura herum liegt dann zuerst das sogenannte Diamantfeld, unzerstörbare Energiefeld was uns schützt und uns mit unsere Seelenessenz

verbindet. Ganz außen herum befindet sich das Torusfeld, es ist das sich selbstregenerierende Energiefeld um uns herum. Jede Pflanze besitzt ein Torusfeld, jeder Stein, jeder Apfel, jedes Tier, auch die Erde.
Alles hat Energie und es ist so wichtig, das zu erkennen. Selbst in dieser Ebene haben wir alles Gute vorbereitet, man kann fast sagen, sind wir nicht alleine. Im Körper haben wir natürlich die Chakren, Die Hellkanäle, die Sinneswahrnehmungen und so weiter.
Alles ist eine Symphonie, ein ineinander fließen von allen Energien. Du bist eine wunderschöne Zusammensetzungen verschiedener Sphären und Energiefrequenzen. Du hast sehr viele Helfer an deiner Seite und nicht zu vergessen, all das was du dir vorbereitet hast, um sicher deinen Seelenweg zu gehen!

Sage dir:
"Ich danke dir liebe Bewusstseinsebene um deine unermüdliche Hilfe. Alles Gold fließt jetzt in mein Torusfeld, in mein Diamantfeld, erfüllt meine gesamte Aura, meinen Körper und natürlich meinen physischen Mind, meine Chakren, meine Wirbelsäule, DNA, alle Organe, Gehirn und Gehirnnerven und ganz besonders erfüllt es mein Fußchakra und Höheres Selbst Chakra, die mein Torusfeld unterstützen.
Ich bin eine wundervolle Symphonie aus ineinander fließenden Frequenzen, grobstoffliche und feinstoffliche.
Vielen Dank!"

Die Schattenkreationen:
So nun kommen wir zu der Schattenebene! Die Ebene der **Schattenkreation** ist eigentlich gar nicht in unserem Feld, es gehört nicht mal zu uns. Es ist kein göttliches Level, das extra für uns da ist. Es ist das selbst erzeugte Energiefeld der Bewohner der Erde. Es wird zur Wirklichkeit, wenn wir uns von den oberen Ebenen abgetrennt fühlen, dann werden die Schattenkreationen dieser Welt zur Wirklichkeit. Das heißt, alles wird zur Gefahr, es herrschen

Chaos, Drama, Angst, Schmerz, Leid, Hass, Wut, Macht,
Manipulation, Missbrauch und Tod.
Das ist das Spiegelbild der Welt, des Menschseins, der Gegensätze,
der Vergänglichkeit. Wenn du hier im Schlamm gräbst, wirst du nur
noch mehr Schlamm finden. Das heißt, wenn du hier unten bist und
immer denkst, oh jetzt muss ich wieder was auflösen, was erkennen,
eine Person hat mich wieder schief angeschaut, du musst ein Karma
finden, eine schlechte Seite an dir,… dann wirst du nie aufhören,
denn es gibt im Schlamm der Schattenkreationen, nur Schlamm. Du
wirst immer eine Person da unten finden, die dir wehtun möchte, die
nicht ehrlich ist, die noch missbraucht oder betrügt. Es hat nur so
lange was mit dir zu tun, bis du selber erkennst, das das kein
Energielevel, keine Bewusstseinsebene von dir ist. Erkenne das du
das in Wahrheit nicht bist. Das ist das was die sichtbare Welt aus der
unsichtbaren Welt versucht zu machen, weil du hier unten so
wahnsinnig gut Schatten kreieren kannst, Monster, die Hölle.
Verstehst du, das es gar nichts mit uns zutun hat, es ist nicht in
unserem Energiefeld enthalten, es wird zum Leben erweckt, sobald
wir in diese Welt hineingeboren werden.
Es sind die Kreationen der Gedanken, Emotionen, Gefühlen, des
Glaubens an den Körper, an das Grobstoffliche eines Menschen, der
Menschen.
In dieser Energie schrumpft man zusammen, wird klein und
zerbrechlich.
Aber nur solange du daran glaubst, wenn dir klar wird wer du wirklich
bist, schrumpft diese Schattenwelt um einiges zusammen.
In den Schattenkreationen ist man wie gefangen, wie in einer endlos
Schleife, du wartest ein Leben lang, das alles besser wird.
Durchhalten, Aushalten und Abwarten sind die Grundenergien dort.
Willst du das wirklich?

Wenn du aber das Verständnis dieser wahren Bewusstseinsebenen
besitzt, dann ermächtigt dich dieses Wissen, ein Leben voller
Klarheit, Gottverbundenheit und
Sinn zu führen, denn du lebst deine Seele, dein höchstes Dasein!

Wow, das ist so genial. Du bist genial, du hast alles was du brauchst, um deine Seele zu entfalten!
Dieses Wissen gibt dir das wichtigste Werkzeug an die Hand: die Fähigkeit, bewusst zu wählen und deine eigene Reise in Einklang mit deinem wahren Seelenwesen zu gestalten.

Mit diesem Wissen besitzt du deine Power wieder!
Herzlichen Glückwunsch.
Du bist ein erschaffendes, wundervolles Wesen und wenn du das wieder freilegst, geschehen Wunder!
Deine Zauberkraft explodiert und du strahlst, weil du du bist!

Das Recht WUNDERVOLL und REICH zu sein

Du weißt jetzt ganz genau was für eine wundervolle und reiche Seele du bist. Du bist eine unglaubliche Schöpfungsquelle, deine Energie ist unbegrenzt und die denkende Energiesubstanz des Universums wartet nur darauf das du sie benutzt und formst.
Ich liebe jede einzelne Seele, ich liebe die Schönheit von jedem einzelnen Menschen. Ich habe meine Gabe immer eingesetzt, um den Menschen zu helfen, ihre Seelenschönheit wieder zu entfalten. Mein Seelenruf war es immer, die Seele eines Menschen wieder zu erwecken. Meine Liebe ist so groß, denn wenn du dich wieder freisetzt, kannst du ein Leader in dieser Welt sein, ein geheilter Leader, der bereit ist etwas viel Größeres zu kreieren, als nur für sich selbst.
Gehe ab heute immer nach oben, gehe in all die wundervollen Bewusstseinsebenen, die dir zur Verfügung stehen, aber bitte nie wieder nach unten in die Schattenkreationen.
Deine wundervolle Energie ist zu wertvoll, als das du sie in das negativ Feld lenkst und dich dadurch total klein und wertlos machst. Du besitzt die Seelenkraft und das Geburtsrecht, deine eigene Schönheit zu leben!

Die Essenz der Seelenkraft
Unsere Seelenkraft ist die Quelle unserer Kreativität, unseres Mutes und unserer inneren Führung. Sie spiegelt unsere Werte, Träume, und die unverwechselbaren Gaben wider, die wir mit der Welt teilen sollen. Wenn wir in unsere Seelenkraft treten, erkennen wir unsere Einzigartigkeit und beginnen, das Leben aus einer Perspektive der Möglichkeiten statt der Begrenzungen zu betrachten.

Das Geburtsrecht der Fülle
Von Geburt an haben wir alle das Recht, ein Leben in Reichtum und Fülle zu führen – und das in jeder Hinsicht. Diese Fülle geht über materiellen Wohlstand hinaus; sie umfasst emotionale, geistige und spirituelle Erfüllung. Ein Leben in Fülle bedeutet, in Harmonie mit

sich selbst und seiner Umgebung zu leben. Es bedeutet, die Beziehungen, den Beruf und die alltäglichen Erfahrungen zu gestalten, die unserer inneren Wahrheit entsprechen.

Die Reise zur Entfaltung

In unsere volle Seelenkraft zu treten, ist eine Reise, die Mut und Hingabe erfordert und die Liebe für sich selbst entfacht. Es beginnt mit der bewussten Entscheidung, die eigene Wahrheit zu erforschen und die Masken abzulegen, die wir aus Angst oder Anpassung getragen haben. Diese Reise erfordert, dass wir uns mit Selbstmitgefühl, Selbstliebe und Akzeptanz begegnen, während wir uns von alten Überzeugungen und Selbstzweifeln befreien.

Die Kraft der Authentizität

Ein Leben in authentischer Seelenkraft bedeutet, dass wir unsere Gedanken, Worte und Taten in Einklang bringen. Es bedeutet, ehrlich zu uns selbst und anderen zu sein, auch wenn der Weg steinig erscheint. Durch Authentizität inspirieren wir nicht nur uns selbst, sondern auch diejenigen um uns herum, ebenfalls ihre eigene Wahrheit zu leben und ihre ganz persönliche Schönheit zu entdecken.

Die Schönheit des Seins

Wenn wir in unserer Seelenkraft verweilen, erblüht unsere innere Schönheit – eine Schönheit, die aus Selbstliebe, wahrer Erfüllung und innerem Frieden wächst. Diese strahlende Präsenz zieht Gleichgesinnte, Chancen, offene Türen und Erfahrungen an, die mit unserer höchsten Vision von uns selbst übereinstimmen.

Der Aufruf

Lass uns dieses Geburtsrecht voller Stolz annehmen. Treten wir ein in die Kraft unserer Seele, indem wir unsere einzigartigen Talente und Leidenschaften mit der Welt teilen. Lassen wir uns von der Vision eines Lebens leiten, das vor Schönheit, Wohlstand und Sinn

geradezu sprüht. Die Möglichkeit, diese Schönheit voll zu leben, liegt in jedem Moment und in jeder Entscheidung, die wir treffen.
Erinnere dich daran, dass der Schlüssel bereits in dir liegt. Du bist berechtigt, deine volle Seelenkraft zu beanspruchen und diese Welt mit deinem strahlenden Licht zu bereichern.

Ich bin seit meiner Geburt hellsichtig. Meine Welt besteht hauptsächlich aus Energien und ich weiß das es im Universum, um uns herum, zu jeder Zeit, in jedem Moment einen denkenden Stoff/ Energie gibt, aus dem alles erschaffen wird. Jede Seele ist ein Stück Himmel, das auf die Erde gekommen ist, leider meistens seine außergewöhnliche Kraft vergisst und sich jedes Mal neu kleidet, um eine neue Rolle zu spielen. Wir kleiden uns nicht nur mit einem Körper und dann Kleidungsstücken, sondern auch, ob wir männlich /weiblich sind, mit Berufen, Nationalitäten, usw.
Aber Jeder von uns trägt sein Geschenk in sich, sein Geschenk für diese Welt!
Stell dir vor, wenn du all diese Kleider ausziehst und nur noch dein Stück Himmel bist, deine Seele, dann wirst du dieses Geschenk mit der Welt teilen!
In Wahrheit ist das Stückchen Himmel, natürlich die Seele. Sie ist immer da, wir müssen sie nur wieder erstrahlen lassen, unter all der Schatten-Bekleidung.
Für mich ist es eine Ehre hellsichtig zu sein und ich versuche immer so gut es geht, so klar und so einfach wie möglich zu erklären- ich sage immer "auf die Erde bringen", in die Realität, so dass es verständlich ist und wiederum umsetzbar- für Jeden!
Die Gesetze des Universums sind einfach, wie du jetzt weißt. Sie sind nicht kompliziert. Alles komplizierte, oder wo man dir weis machen will das es kompliziert ist oder das du immer im Schlamm wühlen musst oder das du alles alleine machen musst, lege es sofort beiseite. Alle komplizierten Konzepte oder Dinge die dich total verwirren sind Schattenkreationen!
Sind Dinge die aus den Schattenkreationen heraus entstanden sind.

Alles andere ist einfach!

Im vorherigen Kapitel, der verschiedenen Bewusstseinsebenen, hast du es dir verinnerlicht. Du hast gesehen, das für dich gesorgt ist. Gehe mit deiner Aufmerksamkeit nach oben, du bist versorgt, du bist begleitet, alles ist leicht, du hast vorgesorgt und du bist von der Überseele getragen.

DU bist ein schöpferisches Wesen!

Dein eigener Gedanke ist eine kreative Macht! Ein festgehaltener Gedanke von dir, kann alles erschaffen, weil du damit die formlose Substanz des Universums auf deiner goldenen Leinwand formst und auf die Erde bringst.

Es ist so was von falsch an Armut zu glauben- denn das ist eine der Schattenkreationen! DU bist das WUNDERVOLLSTE und REICHSTE Wesen dieses Universums, siehst du das?

Ich zeige dir in diesem Buch wie du deine Schöpfungsenergie nutzen kannst- ganz einfach, ganz schlicht aber mit der höchsten Effizienz. Eigentlich hast du schon begonnen.

Das Universum ist nicht kompliziert und verwirrend! Nein, es ist wunderschön, golden und reich.

Da ich die Energien sehe, weiß ich eines ganz genau, es steht niemals etwas still, das gesamte Universum ist erfüllt und alles strebt nach WEITERENTWICKLUNG , WACHSTUM und ERNEUERUNG!

Also hast DU ein Recht auf stetige Weiterentwicklung, ein Recht deine gesamte Kraft zu benutzen, deine Schönheit zu zeigen und deinen Reichtum, den du schon besitzt zu genießen. Ab heute entfaltest du dich nach oben, du erblühst nach oben, du bist von oben.

Du solltest dich niemals mit weniger zufrieden geben und schon gar nicht mit den Schattenkreationen! Du bist ein außergewöhnliches Wesen hier im Universum mit einer unbegrenzten positiven Macht, Liebe, Schönheit, Eleganz, Energie und Reichtum. Lege das Negative zur Seite. Lege falsche Gedanken und Emotionen ab, vor allem die, die angestaut, ängstlich und wütend sind. Nochmals, dies sind in Wahrheit ALLES- ALLES Schattenkreationen.

Du bist von niemandem abhängig oder sogar unterlegen, nicht mal von einer Regierung. Ich kann mich natürlich auf alles Negative

konzentrieren, auf jeden schlechten Medienbericht, Fernsehen, was
ein Politiker, eine Regierung, die riesigen Konzerne die
Pharmaindustrie, die Werbung usw….. Was sie alle falsch machen,
wie sie dich benutzen. ABER dann gehst du in diese
Schattenkreationen, all das sind Werkzeuge der Schattenkreationen
hier auf der Erde.
Klar weiß die Politik Spannungsfelder aufzubauen, Medienberichte
zielen darauf ab zu manipulieren und natürlich weiß die
Werbebranche genau was sie tut!
Werbung ist ein interessantes Thema und darauf will ich doch kurz
eingehen. Was genau passiert beim Anschauen der Werbung?
Erstmal, sie wissen genau, das unsere Emotionen am Steuer sitzen.
Deine Emotionen setzen dich in Bewegung, also nutzen sie sie.
Sie wissen, das wenn die Werbung nur in dem Bewusstsein der
Menschen bleibt, hat sie nicht die gleiche Wirkung, wie wenn sie im
Unterbewusstsein landet.
Im Bewusstsein hast du nämlich die gesamte Kraft zu wählen,
brauche ich das oder nicht. Möchte ich diese Info aufnehmen oder
nicht?
Kennst du die Begriffe induktiv und deduktiv?
Dein Bewusstsein hat die Kraft induktiv zu handeln, also es wählt
was es in sein Unterbewusstsein lassen mag und was nicht.
Hingegen ist dein Unterbewusstsein deduktiv, es nimmt also nur an.
Es kann nicht wählen, aber du besitzt dort dein einmaliges
Cheerleader Team.
Es muss sich auf das Bewusstsein verlassen, das dieses klug wählt
und nur das Beste hinein lässt.
Nun, was macht die Werbung?
Sie trickst dein Bewusstsein aus über die Emotionen. Sie umgeht
gekonnt die induktive, natürliche Barriere und somit wirkt die
Werbung direkt in deinem Unterbewusstsein! Und schon brauchst du
alles, was sie wollen das du es brauchst. Du fragst dich sicherlich,
wie wird die natürliche Schutzbarriere ausgetrickst?

Durch diese 3 Emotionen:
-Faszination

-Schock
-Übereinstimmung

Genau in dem Moment wo du dich im Film erschrickst, ganz in
Liebesgefühlen versunken bist, oder mit weinst- also ganz emotional
bist- wird Werbung eingeschaltet und schon passiert die Suggestion.
Das passiert in YouTube usw. Achte darauf und beobachte es mal
ganz aufmerksam!
Lass dich nicht mehr hypnotisieren und damit in eine geistige Armut
drängen und somit fokussiert auf diese ganzen Schattenkreationen.
Du bist eines der WUNDERVOLLSTEN und REICHSTEN Wesen. Es
blutet mein Herz wenn ich sehe, wie viele Menschen brach liegen,
gefangen in der Schattenenergie und darauf warten das was passiert
oder sie jemand rettet.
In den Schattenkreationen ist das Abwarten und Durchhalten eines
der Merkmale, weil dort unten bist du nicht fähig zu erschaffen, zu
kreieren.
Von klein auf wollte ich immer nur eins, das jeder einzelne Mensch in
sein Potential kommt, seine Schönheit, Kraft, Energie und Liebe mit
dieser Welt teilt.
DU BIST DIE SEELE! Du bist das reichste Wesen was es gibt.
Wenn du die Grundlagen in diesem Buch wirklich befolgst, dann
wirst du eines der reichsten Wesen sein, im Inneren wie im Äußeren.
Es ist überhaupt nichts verwerfliches REICH zu sein! Das ganze
Universum ist REICH!
Es ist erfüllt von zauberhafter Schönheit, Reichtum, Erneuerung,
Liebe, Freude und Dankbarkeit! Und DU auch- du bist das Ebenbild
davon!
Nimm dein Geburtsrecht wieder an.
Es ist dein Geburtsrecht! So ist es und nicht anders. Gehe nach
oben!

Die Wahrheit ist:
Du bist die Seele und hast einen Körper.
Du bist das WUNDERVOLLSTE und REICHSTE Wesen, denn du
bist Seele und verfügst über die schöpferische Kraft, die du durch

deinen Geist und deinen Körper benutzen kannst und ihr somit
Ausdruck verleihst.
Gehe in die oberen Felder, die dir zur Verfügung stehen und warte
nicht mehr auf etwas, sondern erschaffe!
Du bist der Schöpfer deines Lebens!

Meine Hellsichtigkeit

Ich möchte diesen Moment nutzen, um meine tief empfundene Dankbarkeit mit euch zu teilen – Dankbarkeit für ein Geschenk, das mir zuteil wurde und das mein Leben auf so wundersame Weise bereichert hat, wie ich es nun hoffe euch zurück schenken zu können : meine Hellsichtigkeit.

Dieses Geschenk hat mir schon immer die energetische Welt eröffnet. Wie du nun siehst, eine Welt erfüllt von diesen wunderbaren Bewusstseinsebenen, voller Liebe, Einsichten, Perspektiven und Verbindungen, die über das Offensichtliche hinausgehen. Die Hellsichtigkeit erlaubt mir nicht nur, die verborgenen Facetten des Lebens zu erkennen, sondern auch, mit einer Tiefe zu sehen, die weit über das Physische hinausreicht.

Ich fühle mich unendlich gesegnet, diese Gabe in meinem Leben zu haben und deshalb war es für mich immer das Wichtigste dies zu teilen- mitzuteilen, was ich sehe. Nicht nur in meinen Auralesungen, oder Engelreadings, sondern vor allem zu zeigen, wie jeder einzelne Mensch wieder in seine Kraft kommt. Meine Hellsichtigkeit ist mein Kompass, der mich immer zu innerem Wachstum, Verständnis, Liebe und Mitgefühl geführt hat. Sie bringt Klarheit in allen Lebenslagen und gibt Führung. Doch vor allem schenkt sie mir die Möglichkeit, auch dich, auf deinem einzigartigen Weg zu unterstützen und zu inspirieren.

In einer Welt, in der Unsicherheiten und Herausforderungen allgegenwärtig geworden sind, empfinde ich es als wertvolle Aufgabe, dieses Geschenk zu nutzen, um Licht in unbekannte Pfade zu bringen. Gerade deshalb ist es mir ein Herzanliegen, mit dir in diesem Raum der Möglichkeiten zu teilen, um gemeinsam Vertrauen und Unaufhaltsamkeit zu erleben.

Möge dieses Geschenk der Hellsichtigkeit, wie ein sanfter Lichtstrahl, stets den Weg erhellen – nicht nur für mich, sondern vor allem für dich und alle Menschen. Meine lieben Leserinnen und Leser. Ich danke euch dafür, dass ihr Teil dieser Reise seid und mir erlaubt, mit meinem Geschenk einen kleinen Beitrag zu eurem Leben zu leisten.

Ich kenne die Welt nicht anders, aber es ist noch lange nicht das normale, anerkannte auf der Welt. Ich bin so dankbar für meine Hellsichtigkeit, die es mir jeden Tag, für jeden Menschen, ermöglicht, die verborgenen Schätze der Seele, des Universums zu erkennen und die Seele wieder vollkommen zu enthüllen. Mit jedem Blick in die unsichtbaren Welten fühle ich eine tiefe Verbundenheit mit der Schöpfung und eine unermessliche Dankbarkeit für diese einzigartige Gabe. Ich lade dich ein, durch mein Buch in deine Seele zu reisen und die Wunder zu entdecken, die jenseits des Sichtbaren liegen. Möge meine Hellsichtigkeit dich inspirieren und berühren, während wir gemeinsam die Magie und Schönheit des Unsichtbaren erkunden. Und vor allem das du weißt, das du es auch in dir trägst. Du hast dein 3. Auge, es muss nur aktiviert werden.
Werfen wir mal kurz einen Blick auf die wissenschaftliche, als auch die spirituelle Sicht!

Wissenschaftliche Erklärung:
Aus wissenschaftlicher Sicht wird Hellsehen oft als Phänomen betrachtet, das außerhalb des Bereichs konventionellen Verständnisses liegt. Es ist noch nicht vollständig erklärt oder von der Mainstream-Wissenschaft akzeptiert.
Einige Theorien legen jedoch nahe, dass Hellsehen mit der Fähigkeit des Gehirns zusammenhängen könnte, Informationen jenseits der fünf traditionellen Sinne zu erschließen und zu interpretieren.
Eine Hypothese besagt, dass Hellsehen mit der Fähigkeit des Gehirns zusammenhängen könnte, subtile Energiefelder oder elektromagnetische Frequenzen zu verarbeiten, die normalerweise nicht von unseren gewöhnlichen Sinnen erfasst werden.
Es wird angenommen, dass einige Personen eine erhöhte Sensibilität oder eine angeborene Fähigkeit haben, diese Energien wahrzunehmen und zu interpretieren, was es ihnen ermöglicht, Einblicke und Informationen zu gewinnen, auf die andere möglicherweise nicht so leicht zugreifen können. Während die wissenschaftliche Forschung zum Hellsehen noch im Gange ist, ist es wichtig zu beachten, dass die wissenschaftliche Gemeinschaft

noch keinen Konsens über dessen Existenz oder Mechanismen erreicht hat.

Viele Personen berichten jedoch weiterhin von persönlichen Erfahrungen, die sie hellseherischen Fähigkeiten zuschreiben.

Spirituelle Erklärung:

Aus spiritueller Sicht wird Hellsehen oft als intuitive oder psychische Fähigkeit betrachtet, die über die physischen Sinne hinausgeht. Es wird angenommen, dass es das Eintauchen in höhere Bewusstseinsebenen, die Verbindung mit spirituellen Energien und den Zugang zu Informationen aus dem kollektiven Bewusstsein oder dem spirituellen Bereich beinhaltet.

Nach spirituellen Überzeugungen kann Hellsehen als eine Erweiterung unserer angeborenen spirituellen Natur betrachtet werden.

Es wird angenommen, dass Personen durch spirituelle Praktiken wie Meditation, Energiearbeit oder die Verbindung mit höheren Ebenen ihre hellseherischen Fähigkeiten entwickeln und verbessern können. Spirituelle Erklärungen betonen oft die Idee, dass Hellsehen ein Geschenk ist, das es Personen ermöglicht, subtile Energien, Symbole oder Botschaften wahrzunehmen und zu interpretieren, die für die gewöhnlichen Sinne nicht offensichtlich sind. Es wird als ein Mittel angesehen, um tiefere Einblicke, Führung und spirituelle Weisheit zu gewinnen, um persönliches Wachstum, Heilung und das Verständnis des eigenen Lebenswegs zu unterstützen.

Es ist wichtig zu beachten, dass die wissenschaftlichen und spirituellen Erklärungen für Hellsehen unterschiedlich sein können und Personen sich möglicherweise stärker mit einer Perspektive identifizieren als mit der anderen. Letztendlich kann die Interpretation des Hellsehens je nach persönlichen Überzeugungen, Erfahrungen und kulturellen Hintergründen variieren.

Was meine Hellsichtigkeit für mich bedeutet

Was bedeutet meine Hellsichtigkeit für mich? Sie ist weit mehr als nur eine Fähigkeit; sie ist ein tiefes Geschenk des Universums, eingebettet in eine große Verantwortung, die ich mit Respekt und Hingabe trage.

Von Herzen glaube ich, dass diese Gabe kein zufälliges Geschenk ist, sondern ein sorgfältig gewebter Teil meines Daseins, der mich dazu aufruft, sie für das Gemeinwohl einzusetzen. In jedem Moment, in dem ich meine Hellsichtigkeit einsetze, fühle ich die sanfte, aber bestimmte Richtung einer höheren Bestimmung, die mir den Weg weist.

Meine Hellsichtigkeit erlaubt mir, in Dimensionen zu blicken, die oft verborgen bleiben, und sie ermutigt mich, diese Einsichten mit Liebe und Mitgefühl zu teilen- sie für dich sichtbar zu machen. Ich sehe es als meine heilige Pflicht, diese Gabe zum Wohl aller zu nutzen – immer mit dem Ziel, Licht in das Leben anderer zu bringen, sie zu ermutigen und ihnen den Raum zu bieten, ihre eigene Wahrheit zu erkennen und zu umarmen.

Die Seelen, deren Wege sich mit meinem kreuzen, bereichern mich ebenso sehr, wie ich hoffe, ihnen Bereicherung zu bringen. In der Verbundenheit, die dadurch entsteht, liegt die wahre Bedeutung meines Wirkens.

Mit jeder Auralesung wächst meine Hingabe, und jedes Mal, wenn ich meine Gabe einsetze, bestärke ich mich in dem Versprechen, sie stets in Liebe und Wahrheit zu verwenden. In dieser Aufgabe finde ich nicht nur Erfüllung, sondern auch die unerschütterliche Motivation, weiter zu lernen, zu wachsen und zu dienen.

Ich wache jeden Tag mit der Begeisterung auf, zu helfen, zu heilen und zu lieben. Dafür bin ich unendlich dankbar und bleibe dabei zutiefst demütig.

Die Liebe zu jeder einzelnen Seele ist das Wiederspiegeln jeder Überseele im Kosmos.

Deshalb liebe ich. Deshalb gebe ich. Deshalb existiere ich.

Liebe ist alles!

Mediumship- Ich liebe die Seelen

Willkommen in der Welt des Mediumships:

Ich nenne meine Mediumship Events liebevoll "The Bridge", denn ich baue in dem Moment eine Brücke zwischen der physischen Welt und dem Reich der Seelen- der Astralwelt. Als Medium habe ich das Privileg, als diese Brücke zu dienen und die Kommunikation zwischen Einzelpersonen und ihren verstorbenen Lieben zu erleichtern. Mediumship basiert auf der Grundlage, dass das Bewusstsein über den physischen Tod hinaus fortbesteht und dass die Seelen unserer Lieben immer noch präsent und für uns zugänglich sind. Man ruft sie nicht, sie kommen von ganz alleine. Durch meine Fähigkeiten bin ich in der Lage, die Energien, Botschaften und Präsenz dieser Seelen wahrzunehmen und zu interpretieren. Während einer Mediumshipsitzung schaffe ich einen sicheren und heiligen Raum, in dem du dich mit deinen verstorbenen Lieben verbinden kannst. Durch meine intuitiven Fähigkeiten baue ich eine Verbindung auf, was die Übermittlung von Botschaften, Bestätigungen und Heilung ermöglicht. Der Zweck des Mediumships besteht darin, Trost, Abschluss, Vergebung und Heilung für diejenigen zu bieten, die Kontakt zu ihren verstorbenen Lieben suchen oder die Verstorbenen zu ihnen. Es bietet die Möglichkeit, Botschaften der Liebe, Führung und Unterstützung von jenseits der Welt zu empfangen, was den Trauernden oder Suchenden, Trost und Gewissheit bringt. Und vor allem es selbst spüren, wahrnehmen. In diesem Moment öffnen sich die Menschen, ihr Herz wird weit, da die Energie so hoch ist und sie fangen selbst an die Heilung, Vergebung, Dankbarkeit und Liebe zu spüren! Genau das ist der Schönste Moment! Es geschieht Magie und die geliebten Seelen nehmen einen mit auf eine ganz andere Ebene. Wie du gesehen hast auf die Bewusstseinsebene der Seelen, direkt unter der Überseele und dem Überherz. Nochmals, dort oben findet Heilung statt! Kein Wort kann den Segen der bei so einem Reading geschieht, erklären.

Es ist wichtig zu betonen, dass Mediumship nicht dazu dient, die
Zukunft vorherzusagen oder spezifische Ergebnisse zu liefern.
Es ist der Moment, wo sich die 2 Welten miteinander verbinden. Wo
das Unsichtbare, durch die Liebe sichtbar gemacht wird!
Wobei die lebenden Seelen ganz sanft den Einblick bekommen
hinter das Greifbare zu sehen und tiefe Heilung zu erfahren.
Es ist eine zutiefst persönliche und transformative Erfahrung, die
tiefgreifende Heilung, Abschluss und ein Gefühl der Liebe und des
Friedens bringen kann.
Ich persönlich habe gelernt, dass eine Seele immer versucht die
entstandene Lücke, die durch ihr Verlassen der Erde entsteht, zu
Schließen. Mit Licht, Liebe und guter Energie.
Passiert das nicht, dann schließt sich die Lücke mit der Trauer der
Hinterbliebenen, und das bringt immer mehr Trauer hervor. Das ist
aber nicht das was die lichtvollen Seelen sich wünschen. Denn Ihnen
ist klar, das man dann in den Schattenkreationen hängen bleibt und
sich nicht seiner Seelenpower bewusst ist und das man zu jeder Zeit
miteinander verbunden ist. Es ist einfach nur pure Liebe, Segnung,
Akzeptanz und ein Level von Respekt, den glaube ich ein Mensch
gar nicht empfinden kann.
Pure Liebe und Segnung.

Lass die Schattenkreationen hinter dir

Und da sind wir schon im nächsten Kapitel über die
Schattenkreationen und was es bedeutet hier unten zu verweilen,
denn da unten muss man wahnsinnig viel Energie aufbringen. Hier
unten ist man so weit weg von sich das es unendlich viel Energie
kostet, hier zu überleben.
Sich selbst zu sein, seine eigene Seele zu sein, das eigene Licht,
SICH SELBST ZU SEIN, das kostet keine Kraft, das ist die Kraft in
uns.

Die Schattenkreationen und die Rückkehr zum inneren Licht der
Seele:

In unserer komplexen Welt begegnen uns oft Schattenkreationen –
Überzeugungen und Ängste, die aus Unsicherheiten,
Machtmissbrauch, kreierter Konkurrenz, Mangel, Wut und den
Herausforderungen des Lebens auf Erden entstehen. Diese
Schatten können unser Denken und Handeln stark beeinflussen, uns
in Furcht gefangen halten und von unserer wahren Essenz ablenken,
uns alle Energie entziehen, da wir erstens, hier unten abgetrennt
sind von der Seele und zweitens es nirgends eine positive
Kraftquelle gibt, wo man sich auftanken kann.
Diesen kreierten Illusionen, die so real, erschreckend und wirklich
sind, man kann sie ja sehen, sie sind greifbar, stehen im
Widerspruch zur wahren Natur unserer Seele, die aus purem Licht,
Liebe und unendlicher Freude besteht. Die Seele kennt keine Angst,
sie versteht nur Liebe und Wachstum. Sie ist die Quelle, die uns mit
Kraft und Authentizität erfüllt.
Es ist an der Zeit, die Illusionen der Schattenkreationen loszulassen.
Diese, auf Angst basierenden Überzeugungen halten uns fern von
der Fülle, die uns zusteht, und beschränken unser wahres Potenzial.
Indem wir uns von diesen Schatten lösen, schaffen wir den Raum,
das Leben aus einer Perspektive der Liebe und des Lichts zu
betrachten.

Um zu unserem inneren Licht zurückzukehren, ist es essenziell, in die Stille zu gehen und auf die Stimme unserer Seele zu hören. Es erfordert Mut, uns von alten Mustern zu befreien und den Fokus wieder auf das zu lenken, was wahr und echt ist. In der Verbundenheit mit unserem inneren Licht finden wir die Klarheit, die uns durch die dunkelsten Zeiten führt und uns bestärkt, die Welt mit Hoffnung und Zuversicht zu betrachten.

Bitte lies gerne jeden einzelnen Tag die Aktivierungen, jeder einzelnen Bewusstseinsebene- das wird dich auf das fokussieren, wohin du dich wirklich konzentrieren magst. Und denke daran unser inneres Licht leuchtet immer, auch wenn es manchmal von den Schatten verdeckt wird. Es ist eine unerschöpfliche Quelle der Erneuerung und Heilung. Wenn wir uns auf dieses Licht konzentrieren und ihm erlauben, unser Leben zu leiten, beginnen wir, die Schönheit und die Unendlichkeit unserer eigenen Seele zu erkennen.

Lasst uns den Mut finden, diese Schattenkreationen hinter uns zu lassen und die Wahrheit unserer Seele zu umarmen. Denn nur durch die bewusste Entscheidung, Licht und Liebe zu wählen, können wir unser Leben und die Welt um uns herum positiv verwandeln.

In den Schattenkreationen wurde vor allem der Missbrauchszyklus gelegt, also Love Bombing, Anspannungsphase und die Explosionsphase. Das hat sich leider in den Menschen, ob bewusst oder unbewusst verankert und hat eine riesen Anzahl an Mangel, Angst, Konkurrenz, Wut und Machtmissbrauch erzeugt in dieser Welt. Du weißt das dies nichts mit deiner wahren Herkunft und deinem wahren Sein zutun hat! In der Konkurrenzenergie sind Jahrtausend alte Programmierungen drin und trennt uns von der Seele ab. Das ist die einzige Wahrheit darin. Dieses Mangel- und Konkurrenzdenken erschafft schreckliche Emotionen, Gedanken, Verhalten und Handlungen in einem Menschen. Das ist logisch und verständlich, oder?

Das Verbreiten von dieser niedrigen Energie, das einpflanzen wurde, durch Machtmissbrauch, Manipulation, Konkurrenz und Mangel, lässt die Menschen an die Schattenkreationen glauben. Denn wenn ein Geldmangel da ist, dann ist er ja Wirklichkeit, dann habe ich in

dem Moment wirklich keine Geld. Wenn eine Krankheit existiert, dann ist sie sichtbar und spürbar über den kranken Körper, usw. All diese Dinge basieren aber auf dem Mangeldenken, an den Glauben das es all das Schlechte gibt und das wiederum kreiert tatsächlich den Mangelzustand in deiner Energie, in deinen Gedanken, in deinem Herzen, in jeder Zelle und in jedem Energiefeld und daraus entsteht eine Krankheit, Geldverlust, Geldmangel, fehlende Arbeit oder Probleme, Beziehungsdramen, Streitereien…- diese Mangelsubstanz will uns glauben lassen, das es nicht genug gibt.
In der Schattenkreation herrscht unglaublicher Mangel.
In dem Fall entsteht dann das Gefühl, ich muss schneller, höher und immer tausendmal besser sein als alle anderen. Alle fangen an etwas hinterher zu jagen und verlieren sich im weltlichen und im Schattendasein.
Hier ist der goldene Schlüssel, den jeder mit sich trägt!
DIE VERANTWORTUNG FÜR SICH SELBST ÜBERNEHMEN.
Jetzt, Hier und Heute.
Triff heute die Entscheidung, diese Schattenkreationen zu verlassen.
Ich würde dir gerne an dieser Stelle noch zeigen, was dieser Stress mit deinen Chakren macht, also letzten Endes mit deinem Körper.

Was passiert mit den Chakren

Das Konzept von Chakren, insbesondere das der Fußchakren, ist tief in der energetischen und spirituellen Arbeit verwurzelt.
Chakren sind Energiezentren im Körper, und in vielen spirituellen Traditionen ist klar, dass sie das physische, emotionale, mentale und spirituelle Wohlbefinden beeinflussen. Ich möchte hier vor allem auf das Fußchakra und Höhere Selbst Chakra eingehen. Sie sind so wichtig und stehen auch gleichzeitig im Kontakt mit dem Torusfeld.

Im menschlichen Körper wird das Torusfeld oft mit dem Energiefeld des Herzens in Verbindung gebracht. Es repräsentiert, wie unsere Herzen energetische Informationen senden und empfangen, und unterstreicht unsere Verbundenheit mit uns selbst und der Umgebung. Das Torusfeld ist die sich immer wiederherstellende Kraft in uns- die Selbstregeneration und Selbstheilung. Das Feld fließt durch uns nach oben. Geht über die Höhere Selbst Chakra, wo es sich öffnet in der Weiblichkeit, dem Empfangen, von Ideen, Visionen, Manifestationen. Der Mensch strahlt nach außen und steht in der vollkommenen Verbindung mit dem Universum. Die Torusfeldenergie geht dann an den Seiten nach unten und tritt über die Fußchakra wieder in uns ein, als männliche Kraft, als Handelnde, umsetzende Kraft. Es ist die Energie, die die Ideen und Visionen des weiblichen, in die Realität bringt, es sichtbar umsetzt in der Welt. Fließt dann wieder durch den Körper hindurch und wieder nach oben.
Dieser Kreislauf des Torusfeld umgibt nicht nur den Menschen, sondern alle Lebewesen, jede Pflanze, daher auch alles Gemüse, Obst usw., jeder Stein, als auch die Erde. Wir alle sind damit verbunden!
Das Verständnis des Torusfeldes kann helfen, ein Bewusstsein für die eigene Energie und deren Einfluss auf das Wohlbefinden zu entwickeln. Es ist ein Model, das veranschaulicht, wie wir Energie aufnehmen, transformieren und wieder aussenden, was sowohl unsere persönliche Gesundheit als auch unsere Beziehung zur Welt beeinflussen kann.

Insgesamt lädt das Konzept des Torusfeldes dazu ein, über die Balance und den Fluss der Energien in unserem Leben nachzudenken und uns auf die Harmonie innerhalb des größeren Ganzen zu besinnen.

Was passiert, wenn ein Mensch keine Fußchakren und Höhere Selbst Chakra hat:

1. **Verlust der Erdung und der Verbindung:**
   - Die Fußchakra ist traditionell dafür verantwortlich, uns mit der Erde zu verbinden. Sie hilft uns, geerdet zu sein, gibt ein Gefühl von Stabilität und unterstützt die Balance zwischen Körper und Geist. Wenn dieses Chakra blockiert oder nicht vorhanden ist, kann das Gefühl der Erdung verloren gehen, was zu einem Gefühl der Desorientierung oder Unsicherheit führen kann. Die Höhere Selbst Chakra ist dafür verantwortlich, uns mit dem Universum zu verbinden. Sie hilft sich angebunden und sicher zu fühlen. Fehlt diese Angebundenheit, sinkt man in sich zusammen und erlebt die Schattenkreationen als real.

2. **Übermäßige Aktivierung des Basischakras:**
   - Das Basischakra, auch Wurzelchakra genannt, steht für grundlegende Bedürfnisse wie Sicherheit, Überleben, Geld, Kraft, Durchhaltevermogen und Vertrauen. Wenn die Fußchakra und die Höhere Selbst Chakra nicht richtig funktionieren, kann eine unausgewogene Energie im Basischakra entstehen. Dies bedeutet, derjenige geht über in die Schattenebene und schenkt ihr Glauben. Dadurch entsteht eine ziemliche Kampfenergie, denn das Überleben beginnt. Nichts fühlt sich mehr sicher an und

als Resultat wird der Überlebensmodus verstärkt oder sogar im Leben manifestiert.

- ○

3. **Einladung von Schattenkreationen:**

- ○ Ohne die Balance und Stabilität, die eine starke Erdung und Verbundenheit bietet, kann die Neigung bestehen, sich auf Ängste und Unsicherheiten zu konzentrieren. Dies führt oft zu Schattenkreationen - negativen Überzeugungen und Verhaltensweisen, die von einem Mangeldenken und Angst getrieben werden in seinem Leben zu manifestieren und zu vervielfältigen.

- ○

4. **Kampf und Widerstand:**

- ○ Der fehlende Erdungsfluss und universal Fluss, führt dazu, dass man in einen ständigen Kampfmodus verfällt, energisch gegen wahrgenommene Bedrohungen vorgeht, anstatt in einem Zustand des Flusses und der Akzeptanz zu sein. Diese Haltung kann sowohl innerlichen Stress und Anspannung als auch Konflikte mit der Außenwelt verursachen.

Selbstsabotage und Selbstzerstörung

Selbstsabotage und Selbstzerstörung sind tief verwurzelte Muster, die in den Schatten unserer Psyche wirken. Sie sind Meister der Tarnung, oft unbewusst in unserem Verhalten und Denken verwoben, und manifestieren sich auf vielfältige Weise. Als Schattenkreationen tarnen sie sich als Schutzmechanismen, während sie in Wirklichkeit unsere progressivsten Bestrebungen und unser Wohlbefinden untergraben, das geht bis hin zu Suchtverhalten oder auf körperlicher Ebene eine Autoimmunschwäche oder -krankheit.

Diese negativen Muster entstehen häufig aus alten Überzeugungen, entstanden aus früheren Erfahrungen oder erlernten Verhaltensweisen, die uns glauben lassen, dass wir nicht gut genug sind, das wir die Erfahrung gemacht haben, abgelehnt worden zu sein! Auf eine ganz schmerzhafte Weise und dadurch auch den Glauben entwickelt haben, gute Dinge nicht zu verdienen. Sie agieren wie unsichtbare Fäden, die unsere Entscheidungen beeinflussen, unsere Träume blockieren und uns in einem scheinbar endlosen Kreislauf des Scheiterns festhalten.

Im mentalen Bereich führen sie zu negativen Selbstgesprächen und Zweifel, im emotionalen Bereich zu Ängsten und Unsicherheiten. Geistig und spirituell greifen sie unsere Überzeugungen an und können sogar körperliche Manifestationen wie Autoimmunkrankheiten hervorrufen, indem sie das Immunsystem implizit dazu bringen, den eigenen Körper anzugreifen.

Selbstzerstörung ist ein destruktives Muster, das tief in unserem Unterbewusstsein verwurzelt sein kann, oft ausgelöst durch Gefühle von Unwürdigkeit, Scham, oder ungelöste Traumata. Diese Muster sind intensive Formen der Selbstsabotage und können, wenn sie nicht erkannt und transformiert werden, erhebliche Auswirkungen auf alle Lebensbereiche haben.

Selbstsabotage ist ein subtiler, aber mächtiger Mechanismus, der unser Leben in vielerlei Hinsicht beeinflussen kann. Oftmals unbewusst verwurzelt, stehen wir uns damit selbst im Weg und verhindern, dass wir unser volles Potenzial entfalten und unsere Ziele erreichen. Hier sind einige der weitreichenden Auswirkungen von Selbstsabotage:

Auswirkungen der Selbstsabotage

1. **Verpasste Chancen:**
   - Selbstzweifel und negative Selbstgespräche führen oft dazu, dass wir Chancen und Möglichkeiten nicht wahrnehmen oder sie gar nicht erst verfolgen. Die Angst vor Misserfolg oder Erfolg kann uns davon abhalten, Schritte nach vorne zu machen, was uns in einer Endlosschleife der Schattenkreationen, von Starten und Stoppen hält. Von Abwarten und Ertragen.

2. **Vermindertes Selbstwertgefühl:**
   - Regelmäßige Verhaltensweisen der Selbstsabotage, wie das Prokrastinieren, untergraben unser Vertrauen in uns selbst. Mit jedem versäumten Ziel oder Projekt verstärkt sich das Gefühl der Unzulänglichkeit, was zu einem Kreislauf von Scham und Enttäuschung führt. Scham, Schuld, Enttäuschung und Angst sind die "schlechtesten" Emotionen, die mit der niedrigsten Frequenz!

3. **Eingeschränkte persönliche und berufliche Entwicklung:**
   - Selbstsabotage blockiert Wachstum und Fortschritt. Indem wir ständig auf Hindernisse stoßen, die wir unbewusst selbst gesetzt haben, bleibt unsere Entwicklung in persönlichen und beruflichen Bereichen stagnierend.

4. **Gesundheitliche Auswirkungen:**
   - Stress und Frustration, die durch selbstsabotierende Tendenzen verursacht werden, können das psychische und physische Wohlbefinden beeinträchtigen. Chronische Stressoren schwächen das Immunsystem und erhöhen das Risiko gesundheitlicher Probleme.

5. **Beziehungsprobleme:**
   - Mangelndes Vertrauen in sich selbst kann auch unsere Beziehungen zu anderen beeinflussen. Selbstsabotage äußert sich manchmal in Form von Tests oder Dramen, die unnötigen Stress in Beziehungen verursachen und engere Bindungen erschweren.

6. **Verdrängung der inneren Stimme:**
   - Wenn wir uns selbst sabotieren, ignorieren wir unsere innere Stimme oder unser Bauchgefühl, das Flüstern unseres Herzens, unserer Seele, unseres Higher Minds! Dies führt zu einer Trennung zwischen dem, was wir wirklich fühlen oder wollen, und dem, was wir tatsächlich tun, und fördert ein Gefühl der Desorientierung, des Abgelehnt Werdens und des Versagens.

Selbstzerstörung ist ein destruktives Muster, das tief in unserem Unterbewusstsein verwurzelt sein kann, oft ausgelöst durch Gefühle von Unwürdigkeit, Scham, oder ungelöste Traumata. Diese Muster sind intensive Formen der Selbstsabotage und können, wenn sie nicht erkannt und transformiert werden, erhebliche Auswirkungen auf alle Lebensbereiche haben.

Auswirkungen der Selbstzerstörung

1. **Emotionaler und Mentaler Schaden:**
   - Selbstzerstörerische Gedanken füllen den Geist mit Negativität und Selbstverachtung. Dies kann zu ernsten psychischen Gesundheitsproblemen wie Depressionen, Ängsten oder einem generell niedrigen Selbstwertgefühl führen. Es wird zu einem Teufelskreis, in dem negative Gedanken zu negativen Handlungen führen, die das negative Selbstbild weiter verstärken.

2. **Beziehungen gefährden:**
   - Selbstzerstörerisches Verhalten kann Interaktionen mit anderen erschweren. Es kann dazu führen, dass wir Beziehungen sabotieren, Misstrauen säen oder uns immer wieder in ungesunden Mustern wiederfinden.

3. **Körperliche Gesundheit beeinträchtigen:**
   - Schädliche Gewohnheiten wie ungesunde Ernährung, Substanzmissbrauch- also Süchte, oder mangelnde Selbstpflege sind häufige Begleiter. Der Körper kann mit chronischen Krankheiten oder gesundheitlichen Krisen reagieren, die aus einem Mangel an Selbstfürsorge resultieren.

4. **Berufliche und kreative Blockaden:**
   - Diese zerstörerischen Muster blockieren das kreative Potenzial und können berufliche Fortschritte behindern.

Die Angst vor Versagen oder die Überzeugung, es
nicht wert zu sein, kann dazu führen, dass Chancen
ungenutzt bleiben.

5. **Spirituelle und persönliche Entfremdung:**

- Eine Trennung vom authentischen Selbst und von
  höheren Werten oder Zielen kann eintreten. Dies führt
  oft zu einem Gefühl der Ziellosigkeit und des
  Verlorenseins, da die Verbindung zu unserer inneren
  Führung und Lebensfreude blockiert wird.

Wege zur Überwindung der Selbstsabotage und Selbstzerstörung

Um wirklich in die Fülle und das Licht unseres wahren Seins zu treten, ist es essenziell, die Schattenebene, die uns gefangen halten, bewusst zu verlassen. Diese Schatten sind nicht unser wahres Ich, sondern vielmehr Manifestationen von Ängsten und Glaubenssätzen, die an das Schlechte und das Begrenzte haften. Sie sind jene unsichtbaren Fesseln, die uns zurückhalten und in alten, nicht dienlichen Mustern verharren lassen.

Der erste Schritt zur Befreiung liegt im Erkennen dieser Schatten als Illusionen, die uns nicht länger definieren müssen. Es sind die Ängste, die flüstern, wir seien nicht gut genug, die Zweifel, die uns klein halten, und die Sorgen, die unsere Visionen trüben. Doch all das sind nur Nebel, geschaffen von vergangenen Erfahrungen, die in der Gegenwart keine Macht über uns haben sollten.

Die bewusste Entscheidung, diese Schattenkreationen loszulassen, ist eine kraftvolle Botschaft an das Universum und an unser eigenes Herz: Wir sind bereit, unser wahres Selbst zu umarmen. Indem wir uns von diesen Schatten lösen, öffnen wir den Raum, in dem unser Inneres leuchten kann, klar und strahlend. Hier, jenseits der Schatten, beginnt die Entfaltung der eigenen Möglichkeiten, in der wir unsere wahre Stärke und unsere innerste Wahrheit finden.

Unser wahres Sein ist nicht in der Dunkelheit gefangen, sondern reicht sich uns aus dem Licht entgegen, von den zauberhaften Bewusstseinsebenen, voller Hoffnung, Freude und Frieden. Es ist eine Einladung, die Hand auszustrecken und die eigene Seele in ihrer schönsten Form zu erfahren. Lass uns diese Einladung annehmen, die Schatten zurücklassen und bewusst in die eigene Großartigkeit aufbrechen. Denn dort, im Licht, finden wir das Leben, das uns in seiner Fülle zusteht.

Selbstsabotage überwinden:

1. **Selbstbewusstsein erhöhen:** Der erste Schritt besteht darin, sich bewusst zu machen, wann und wie Selbstsabotage auftritt. Journaling und Reflexion können hierbei helfen.
2. **Erkennen der Auslöser:** Identifiziere, was die selbstsabotierenden Verhaltensweisen auslöst. Ist es Angst, perfektionistische Ansprüche oder die Sorge, nicht gut genug zu sein?
3. **Positive Routinen etablieren:** Ersetze sabotierende Verhaltensweisen durch gesunde und unterstützende Gewohnheiten, die dein Wachstum fördern.
4. **Selbstmitgefühl entwickeln:** Begegne dir selbst mit Mitgefühl und Geduld. Erkenne, dass diese Muster erlernt wurden und mit Achtsamkeit und Unterstützung verändert werden können.
5. **Ziele visualisieren:** Konzentriere dich auf das, was du erreichen möchtest und visualisiere regelmäßig deine Ziele. Dies hilft, den Fokus auf die positiven Ergebnisse zu lenken.
6. **Unterstützung suchen:** Manchmal kann professionelle Hilfe dabei helfen, tieferliegende Muster aufzudecken und effektiv zu bearbeiten.

Selbstzerstörung überwinden

1. **Bewusstsein schaffen:** Der erste Schritt zur Transformation besteht darin, sich dieser Muster bewusst zu werden und ihre Auslöser zu erkennen.
2. **Innere Arbeit:** Die Auseinandersetzung mit den Ursachen dieser Muster, oft durch therapeutische Unterstützung, ist entscheidend. Die Integration von Schattenanteilen und die Heilung alter Wunden ermöglichen ein neues Verständnis und Selbstakzeptanz.
3. **Gesunde Selbstfürsorge:** Entwickle Routinen, die Wohlbefinden fördern. Regelmäßige körperliche Bewegung, eine ausgewogene Ernährung und genügend Schlaf sind essenziell für deine körperliche und mentale Gesundheit.

4. **Positive Beziehungen:** Umgib dich mit Menschen, die dich unterstützen und stärken. Der Aufbau eines unterstützenden Netzwerks kann entscheidend sein, um alte Muster zu durchbrechen.
5. **Mind-Body-Practices:** Meditation, Yoga oder Achtsamkeitstraining können helfen, im Einklang mit Körper und Geist zu bleiben und ein Gefühl von Frieden und Balance zu fördern.
6. **Spirituelle Praxis:** Sich mit einer höheren Kraft oder dem spirituellen Selbst zu verbinden, kann Trost und Richtung bieten, um den Weg der Selbstheilung zu unterstützen.

Und ganz wichtig, löse die Ursachen.
Selbstsabotage, Selbstzerstörung, Süchte, usw., sind nicht die Ursachen, sie sind nicht das Problem. Diese Verhalten sind die Lösungsversuche. Ich stelle dir hier nochmals das kleine Lösungsgebet, ein klein wenig verändert, zur Verfügung. Von der Individuellen Ebene, dort wo man alles Unerlöste und Karmische auflösen kann! Erinnere dich daran, es ist alles lösbar, schnell, einfach und für immer. Wühle nicht länger im Schlamm. Sieh das diese Programme nicht das Problem sind, sondern das es viel tiefer liegt. Das eigentliche Problem liegt viel tiefer und zwar im Glauben, du bist nicht gut genug, du hast so eine heftige Reaktion der Ablehnung erfahren, das du es kaum ertragen kannst, das du dich fast nicht ertragen kannst. Verstehst du? So ein tiefer Glaube in dir, das du Schlecht bist, das du es mit diesem Verhalten lösen möchtest.
Nun lies in Ruhe das Gebet. Lass es in dir wirken und spüre wie du die Schattenenergie in dir auflöst.

Sage dir jetzt:
Ich bin ab heute niemals mehr bereit, freiwillig in den irdischen Schattenkreationen nach Lösungen zu suchen! Auch höre ich auf,

aus meiner Verzweiflung heraus, mich selbst zu sabotieren oder sogar zu zerstören.

Es reicht, ich bin dazu nicht mehr bereit.

Ich weigere mich daran zu glauben, das ich Schlecht bin! Ich bitte jetzt darum, dass das wundervolle Gold dieser wunderschönen Ebene, die gesamte Ursprungssituation heilt, in alle Richtungen der Zeit und für alle Zeiten!

Hiermit wird jegliche Art von Selbstsabotage und Selbstzerstörung in mir aufgelöst, egal aus welcher Zeit, egal weshalb oder warum, ob von mir verursacht oder von einem anderen Menschen, dann bitte ich jetzt diese wundervolle Ebene um Erlösung all dieser negativen Verhaltensweisen, Programme in mir und natürlich der schon erwähnten Ursprungssituation. Alles wird von dem Gold durchströmt und ich empfange jetzt dankbar das passende Werkzeug dazu, denn es steht mir schon zur Verfügung. Gleichzeitig vergebe ich mir selbst, allen anderen und ich weiß mir ist vergeben.

Nun bitte ich um die Aktivierung meines Seelensterns- das er mich wieder führt und leitet, meines Torusfeldes und meiner gesamten Aura. Bitte lasse jetzt auch meine Akasha Chronik erstrahlen, die nur Gutes für mich bereit hält. Das wundervolle, heilsame Gold umhüllt mich und ich weiß ich schaffe es!

Ich erinnere mich wieder an alles, was ich mir zur Verfügung gestellt habe und freue mich darüber!

So einfach ist es!

Vielen Dank!"

Freude oder Angst

Bewusstsein oder Schattenkreationen?
Ich glaube du hast längst verstanden um was es geht und wie sich
die Wahrheit verteilt. Ich möchte in die Thematik Fußchakra und
Höhere Selbst Chakra noch ein klein bisschen tiefer eingehen, denn
sie sind so wichtig. Bist du verbunden mit deinen
Bewusstseinsebenen, kann ich dir garantieren, das du in der Freude
lebst. Du wirst dein Leben mit Begeisterung leben und jeden Moment
genießen.
Lebst du in der Schattenebene, kann ich dir garantieren, das du in
Angst lebst. Du wirst tagtäglich alles tun um Angst zu vermeiden und
all deine Energie dazu verwenden, zu überleben.
Stell dir mal alles in Frequenzen vor. Alles hat eine verschiedene
Frequenz, es sind wie Linien die übereinander liegen. Eine Linie ist
eine Bewusstseinsfrequenz, eine Schwingung, eine Gedankenkraft.
Somit ist klar, das ich auch eine Frequenz verlassen kann, wenn sie
nicht mehr zu mir passt, z.B. da ich an mir gearbeitet habe und
tiefgreifende Gedanken verändert habe. Mit dieser Veränderung,
verändert sich deine Frequenz und du verlässt die alte Version von
dir und gehst in deine neue Energiefrequenz.
Also, wenn ich aus dieser bestimmten Bewusstseinsfrequenz
herauswachse, bin ich aus dieser Schwingung, dieser Energie,
dieser Gedankenebene, aus den dazugehörigen Emotionen,
herausgewachsen und ich muss sie verlassen und wechsle
automatisch zur nächsten Bewusstseinsebene über.
Das machst du gerade und du steigst automatisch aus den
Schattenkreationen, immer mehr in die Schwingung deines höheren
Seins.

Ich möchte an dieser Stelle die drei größten, tiefsitzenden Ängste
erwähnen. Sie erklären, damit du sie loslassen kannst und bemerkst
das sie eindeutig den Schattenkreationen entspringen! Ich hebe
dabei wieder die Fußchakra und das Höheren Selbst Chakra hervor.

Die 3 größten Ängste:

1)   die Todesangst- Verlustangst
2)   die Lebensangst- Existenzangst
3)   Die Menschenangst- die Angst vor den Aktionen und
      Reaktionen der Menschen

In dem Fußchakra sind diese 3 Ängste sehr stark als das weltlich
Erlebte beinhaltet, auch zu anderen Zeiten- also auch karmische
Erinnerungen!
Dann können wir das auch auf das Höhere Selbst Chakra
übertragen, da geht es aber mehr um die Seele- um die
Bewusstseinsebenen.
Hier ist es wohl mehr wie nur eine Angst, es ist die pure Panik, die
den gesamten Organismus lahm legt, wenn sie angetriggert wird.
Dann explodiert diese Energie förmlich und haut uns um.
Kennst das Gefühl der Panik? Die Kontrolle zu verlieren?

1)   Die Panik die Seele zu verlieren- Seelenverlust
2)   Die Panik vernichtet zu werden- Vernichtungsangst der Seele
3)   Panik vor Menschen- Panik vor Ablehnung- der wahren
      Seelenessenz

Jeder von uns hat eine dieser Ängste- Seelenpaniken. Es ist so
bedrohlich, wie wenn man untergeht. Untergang- kein Ausweg mehr
und kein Entrinnen, aber eben nur wenn man sich in den
Schattenkreationen befindet.
Denn du weißt ja jetzt schon, dass alles ist nicht möglich. Du kannst
deine Seele nicht verlieren und sie kann auch nicht vernichtet
werden.

Um diese zu lösen habe ich ein sehr tiefgreifendes Seminar
entworfen, "**Awaken your Soul**" (Alle weiteren Informationen dazu
findest du auf meiner Website - www.nadinesimmerock.com)

Hier ein paar Möglichkeiten, um diese Ängste besser im Alltag in den griff zu bekommen:

1. Tägliche Dankbarkeitsübung:

- **Übung:** Schreib jeden Morgen drei Dinge auf, für die du dankbar bist. Dies können kleine oder große Dinge sein, die dir Freude bereiten. Fokussiere dich bewusst auf die positiven Aspekte deines Lebens, um den Tag mit einer optimistischen Einstellung zu beginnen.

2. Freuden-Tagebuch führen:

- **Übung:** Am Ende des Tages notiere in einem speziellen Tagebuch mindestens eine Situation, in der du Freude empfunden hast. Dies hilft dir, den Fokus auf glückliche Momente zu lenken und sie bewusster wahrzunehmen.

3. Atem- und Achtsamkeitsübung:

- **Übung:** Nimm dir täglich fünf Minuten Zeit, um dich auf deinen Atem zu konzentrieren. Atme tief ein und langsam aus. Mit jedem Ausatmen, lass alle Sorgen los und erlaube dir, innere Ruhe und Freude zu empfinden. Mit jedem Einatmen mach dich weit, mach dich auf und empfange wieder. Fühle, wie diese Momente der Achtsamkeit dich mit Freude erfüllen.

4. Aktive Bewegung:

- **Übung:** Finde eine körperliche Aktivität, die dir Spaß macht, sei es Tanzen, Yoga, Radfahren oder Spazierengehen. Verbringe jeden Tag mindestens 20 Minuten damit. Bewegung setzt Endorphine frei, die deine Stimmung heben und Freude fördern.

5. Visualisierung der Freude:

- **Übung:** Setze dich an einen ruhigen Ort und schließe die Augen. Visualisiere einen Moment, in dem du dich absolut glücklich und im Einklang mit dir selbst gefühlt hast. Versetze dich hinein, erlebe die Gefühle und lasse diese positive Energie in deinen Alltag überfließen.

6. Akt des Gebens:

- **Übung:** Schau dir die Möglichkeiten an, anderen zu helfen, sei es durch ein Lächeln, ein Kompliment oder eine kleine Unterstützung. Das Geben von Freundlichkeit erzeugt Glück sowohl bei dir als auch bei anderen und fördert das Gefühl von Freude und Erfüllung.

7. Kreative Entfaltung:

- **Übung:** Widme dich einer kreativen Tätigkeit, die dich inspiriert. Ob Malen, Schreiben, Musik machen oder Basteln – Kreativität ist eine kraftvolle Quelle der Freude. Lass dich intuitiv von dem leiten, was dein Herz singen lässt.

8. Freude-Check-in:

- **Übung:** Plane einen kurzen Moment im Laufe des Tages ein, um innezuhalten und zu überprüfen, ob du Freude empfindest. Wenn nicht, frage dich, was du im Moment tun könntest, um Freude zu erzeugen – sei es ein kurzer Dank an dich selbst, ein Lied hören oder einfach kurz durchatmen.

Indem du diese Übungen in deinen Alltag integrierst, kannst du deine Fähigkeit, Freude zu empfinden und zu erleben, erheblich steigern. UND du konzentrierst nicht nicht mehr so leicht auf die Angst.

Die Entscheidung

Eine wahre Entscheidung zu treffen bedeutet, eine bewusste Wahl zu treffen, die aus deinem innersten Selbst kommt, im Einklang mit deinen Werten, Überzeugungen und deiner authentischen Bestimmung. Es ist eine Entscheidung, die nicht von äußeren Erwartungen oder kurzfristigen Emotionen geleitet wird, sondern von dem, was sich tief in deinem Herzen richtig und stimmig anfühlt. Eine wahre Entscheidung verändert dein ganzes Leben. Bist du bereit diese zu treffen?

Was bringt eine wahre Entscheidung mit sich?

1. Klarheit und Ausrichtung:

- Indem du eine Entscheidung triffst, die wirklich mit deinem inneren Wesen übereinstimmt, erhältst du Klarheit über deinen Weg. Diese Ausrichtung gibt dir ein klares Verständnis darüber, wohin du gehen möchtest und welche Schritte du unternehmen musst, um dorthin zu gelangen.

2. Innere Stärke und Selbstvertrauen:

- Eine authentische Entscheidung festigt dein Selbstbewusstsein. Du vertraust deinen Fähigkeiten und deinem Urteilsvermögen, und das stärkt deine Entschlusskraft bei zukünftigen Entscheidungen.

3. Freiheit von Zweifeln:

- Wenn du aus deinem Kern heraus entscheidest, reduzierst du Zweifel und Unsicherheiten. Du stehst fest zu deinem Entschluss, weil du weißt, dass er deine Wahrheit widerspiegelt.

-

4. **Mehr Energie und Fokus:**

   ○ Eine klare Entscheidung befreit Energie, die zuvor von inneren Konflikten gebunden war. Mit neuem Fokus kannst du deine Ziele leichter verfolgen und erreichst sie oft mit größerem Engagement und Entschlossenheit.

5. **Wachstum und Erfüllung:**

   ○ Indem du Entscheidungen triffst, die deinem authentischen Selbst entsprechen, ermöglichst du persönliches Wachstum und ein Gefühl der Erfüllung. Du lebst ein Leben, das deine wahre Natur widerspiegelt und dir Freude bringt.

6. **Positive Auswirkungen auf Beziehungen:**

   ○ Deine Klarheit und dein Selbstbewusstsein ziehen authentische, unterstützende Beziehungen an. Menschen, die deine wahre Natur respektieren und wertschätzen, fühlen sich von deiner Entschlossenheit inspiriert.

7. **Ein Leben voller Integrität:**

   ○ Eine wahre Entscheidung repräsentiert ein Leben im Einklang mit deinen höchsten Werten. Du handelst in Übereinstimmung mit deinen Überzeugungen, was zu einem Leben voller Integrität und Respekt führt.

Indem du wahre Entscheidungen triffst, öffnest du Türen zu einem Leben, das nicht nur erfolgreich, sondern auch erfüllt und authentisch ist. Du gestaltest dein Leben als Ausdruck deines wahren Selbst, und das bringt dir tiefe Zufriedenheit und Frieden. Wenn DU JETZT umblätterst, hast du DEINE ENTSCHEIDUNG getroffen!

Der Wechsel

Und jetzt kommt der Wechsel! Es genügt jetzt, dass du weiterhin darüber nachdenkst, was alles Schlimmes passiert ist, wer dir wehgetan hat und das etwas mit dir nicht richtig ist oder nicht stimmt. Verschwende keine Zeit mehr in diese Schattenkreationen! Niemals mehr. Segne alles und fang an dein Leben als die beste, wunderschönste Seele auf diesem Planeten zu leben. Hör auf, dich selbst die ganze Zeit fertig zu machen. Du bist genial, atemberaubend.

Wechsel es heute, denn sonst behältst du all das Negative und machst dich freiwillig fertig, du erhältst und kreierst dadurch nur noch mehr Schattenenergien! Wie schon erwähnt, wer im Schlamm wühlt, wird immer noch mehr Schlamm finden!

Nein, wenn du bereit bist diese restlichen negativen Gedanken, über dich selbst gehen zu lassen, dann bist du frei! Und ich sag dir eines, genieße dein Leben, egal ob du groß oder klein bist, welche Kleidergröße du im Moment trägst, wo du lebst, was du machst, schränke dich nie wieder ein! Sobald du in deine wahre Energieessenz trittst, veränderst du dein gesamtes Leben.

Geh hoch- hoch in deine zauberhafte Energie! In all das was dir zur Verfügung steht!

Stell dir kurz vor, DU trägst den goldenen Schlüssel zu einem zauberhaften, erfüllten Leben in deiner Hand. Ein Leben, in dem Freude, Begeisterung und Leichtigkeit deine ständigen Begleiter sind. Um dorthin zu gelangen, lade ich dich ein, die Schatten der Vergangenheit loszulassen.

Es ist genug, sich weiterhin in Gedanken an das Vergangene zu verlieren—an das, was passiert ist, wer dich verletzt hat, oder die Zweifel, dass etwas mit dir nicht stimmt. Diese Geschichten gehören deiner Vergangenheit an, und es ist Zeit, ihnen keine Macht mehr über dein heutiges Leben zu geben. Du musst keinen weiteren Augenblick damit verschwenden, dich selbst klein zu machen oder in alten Wunden zu verharren.

Beginne, alles mit goldener Liebe zu segnen—die Erfahrungen, die Menschen, die dir begegnet sind, die Lektionen, die du gelernt hast.

Akzeptiere sie als wertvolle Teile deiner Reise und lass sie dann mit einem Gefühl von Frieden los, indem du sie freigibst, schaffst du Raum für eine Zukunft voller Wunder und Möglichkeiten.

Erlaube dir, die fesselnde und brillante Seele zu sein, die du in Wahrheit bist. Richte deinen Blick auf deine einzigartige Genialität und erkenne die atemberaubende Kraft in dir. Du bist wunderbar, begnadet, und jede Facette deines Wesens ist es wert, gefeiert zu werden.

Heute ist der Tag, um die Entscheidung zu treffen—lasse die alten Schatten hinter dir und trete voller Zuversicht in deine wahre Stärke. Wenn du die Vergangenheit loslässt, erhebt sich dein Geist und du steigst auf in die strahlende Energie, die dich zum Gipfel deines Potenzials führt. Hier, in dieser magischen Kraft, liegt die Fähigkeit, dein Leben in ein leuchtendes Meisterwerk zu verwandeln.

Beginne jetzt diese exquisite Reise der Befreiung und Selbsterneuerung. Lass dein inneres Licht hell erstrahlen und gestalte das außergewöhnliche Leben, das nur auf dich wartet.

Hier ist ein ermutigender Text, der deine Entschlossenheit feiert:

Datum:

"Heute treffe ich eine kraftvolle Entscheidung—eine Entscheidung, die mein Herz befreit und meinen Geist erhebt. Ich entscheide mich, nie wieder an die Schattenkreationen zu glauben, die einst versucht haben, mein Licht zu verdunkeln. Die Zeit ist gekommen, den alten Mustern des Schattendaseins Lebewohl zu sagen und diese Illusionen endgültig hinter mir zu lassen.

Nie wieder werde ich in die Ebenen der Angst, des Missbrauchs, des Schmerzes oder der Panik abtauchen. Ich wähle, die Wut loszulassen und all das, was mich klein halten wollte. Diese Emotionen gehören nicht mehr zu meiner Geschichte.

Heute bekräftige ich meine Entscheidung, im Licht zu leben—ein Leben voller Liebe, Vertrauen und Freude. Ich öffne mich für die

grenzenlosen Möglichkeiten, die vor mir liegen, sicher in dem Wissen, dass mein inneres Licht mich leitet und schützt.
Ich entschließe mich, meine Energie auf Heilung, Wachstum und positive Schöpfungen zu richten. Jede Erfahrung wird zu einer Chance, mein Leben bewusst und voller Absicht zu gestalten. Mit jedem Atemzug fühle ich die Freiheit, die mit dieser Entscheidung einhergeht, und spüre, wie mein wahres Selbst erblüht.
Hiermit erkläre ich dieses Kapitel der Schatten für **beendet**. Ich gehe voran, erhobenen Hauptes, getragen von der sanften Brise des Neuanfangs. Ich bin bereit, die Stärke und Magie meines Seins voll zu leben und meinen einzigartigen Weg mit Zuversicht und Leichtigkeit zu beschreiten. Ab heute wähle ich meine wundervollen Bewusstseinsebenen, die mir zur Verfügung stehen!"

GESCHAFFT!
Möge dieser Text dich in deiner Entschlossenheit bestärken und dir helfen, ein Leben im Licht zu führen.
FEIERE DICH!

Verbindung mit der Erde und dem Universum

Um Erdung zu fördern und die Verbindung sowohl mit der Erde als auch dem Universum herzustellen, können gezielte Übungen und Praktiken helfen, ein ausgewogenes Fußchakra sowie eine Verbindung mit dem Höheren Selbst zu entwickeln. Hier sind einige Vorschläge:

Erdungsübungen:

1. Barfußlaufen:

- **Praxis:** Verbringe täglich einige Minuten damit, barfuß auf natürlichem Untergrund wie Gras, Sand oder Erde zu laufen. Dies hilft, ein Gefühl der Erdung und Verbindung mit Mutter Erde zu fördern. Achtsamkeitsmeditation oder Visualisierungen, wo ein riesiger, goldener Lichtstrahl aus deinen Füssen schießt, in Mutter Erde rein. Sich dort verankert und dann 100-fach zu dir zurückkehrt, geschenkt von Mutter Erde, können helfen, die Verbindung zur Erde zu stärken.

2. Baumvisualisierung:

- **Praxis:** Stell dir vor, dass du ein Baum bist. Goldene Wurzeln wachsen aus deinen Fußsohlen tief in die Erde, geben dir Stabilität und saugen nährende Energie auf. Nach oben hin, bist du ein wunderschöner Baum, mit einer riesigen Baumkrone! Diese Übung stärkt das Gefühl der Erdung und Verbundenheit mit der Natur.

3. Gartenarbeit:

- **Praxis:** Verbringe Zeit im Garten, pflanze Blumen oder Gemüse und spüre die Erde mit deinen Händen. Diese

physische Aktivität fördert die Erdung auf natürliche
Weise.

Verbindung zum Universum:

1. Sternenbeobachtung:

- **Praxis:** Nimm dir Zeit, den Nachthimmel zu betrachten
  und die Weite des Universums zu spüren. Diese Praxis
  öffnet dein Bewusstsein für die Verbindung mit dem
  Kosmos. Dabei kannst du dir dann vorstellen, wie ein
  riesiger, goldener Lichtstrahl aus deinem Kopf schießt,
  sich im Universum verankert, in Gott und 100-fach
  stärker zu dir zurückkehrt und dich komplett erfüllt.

2. Kosmische Atmung:

- **Praxis:** Atme tief ein, stelle dir vor, dass jedes
  Einatmen, ein goldenes Einatmen ist. Goldene Energie
  aus dem Universum erfüllt dich, und beim Ausatmen
  gibst du diese goldene Positivität in die Welt zurück.
  Dies stärkt die Verbindung zwischen dir und dem
  Universum.

3. Affirmationen:

- **Praxis:** Verwende Affirmationen wie „Ich bin mit dem
  Universum verbunden" oder „Ich empfange universelle
  Weisheit". Wiederhole sie regelmäßig, um das
  Bewusstsein für deine universelle Verbindung zu
  vertiefen.

Die goldene Meditation zur Verbindung mit Erde und Universum:

Goldene Lichtstrahl Meditation

1. **Finde einen bequemen Sitzplatz:**

   - Setze dich in eine entspannte Position, aber schaue, das deine Füße den Boden berühren. Schließe die Augen und atme einige Male tief durch, um deinen Geist zu beruhigen.

2. **Erdung mit Mutter Erde:**

   - Stell dir vor, dass aus deinen Fußsohlen ein goldener Lichtstrahl nach unten in die Erde fließt. Dieser Lichtstrahl reicht tief in das Erdinnere, in das Kristallfeld hinein. Verwurzelt sich dort fest und fließt dann wieder vervielfältigt zu dir zurück. Versorgt dich mit der nährenden Energie von Mutter Erde. Spüre die Stabilität und die Kraft, die von der Erde zu dir zurückfließt, in dein gesamtes Energiefeld einströmt und natürlich in deinen Körper! Genieße es und nimm wahr, wie das Gold alles bearbeitet in dir und um dich herum, was nicht Licht, Liebe und Freude ist!

3. **Verbindung mit dem Universum:**

   - Stell dir nun vor, dass von der Krone deines Kopfes ein weiterer goldener Lichtstrahl aufsteigt, in den Himmel, in das weite Universum hinein, sich dort in Gott verankert und vervielfältigt zu dir zurückkehrt. Lass dieses Licht deinen Geist erheben und deine

Verbindung mit der grenzenlosen Weite des Universums stärken. Es verteilt sich mit Leichtigkeit in deinem gesamten Energiefeld und natürlich in deinen Körper! Genieße es und nimm wahr, wie das Gold alles bearbeitet in dir und um dich herum, was nicht Licht, Liebe und Freude ist!

4. Erspüre die Verbindung:

- ○ Genieße beide Verbindungen und spüre, wie die Energie von Mutter Erde in dich strömt und gleichzeitig die universelle Energie dich durchflutet. Du bist ein Kanal zwischen Himmel und Erde, balanciert und verbunden. Du darfst es einfach annehmen, es ist dein Geburtsrecht!

5. Verbleibe in diesem Zustand:

- ○ Bleibe einige Minuten in dieser inneren Verbindung und genieße die Harmonie und Ruhe, die sich durch diese ausbalancierte Verbindung einstellt und wie das Gold alles in dir und um dich bearbeitet, also alles ausgleicht, umwandelt, umcodiert, regeneriert, sortiert oder heilt. Was du brauchst, schenkt dir die goldene Energie. Du kannst natürlich auch ganz bewusst etwas hineingeben, wie z.B. eine Angstfeld, oder auch ganz gezielt das Gold zu einer Körperstelle senden, die unbedingt Heilung braucht. Dir sind damit keine Grenzen gesetzt.

6. Zurückkehren:

- ○ Wenn du bereit bist, kehre mit zunächst kleinen Bewegungen in deinen Körper zurück, öffne die Augen und nimm die Umgebung um dich herum wahr, aber die goldenen Verbindungen bestehen weiter.

Mit regelmäßiger Praxis dieser Übungen und Meditationen, die du auf meinem YouTube Channel findest, kannst du deine Erdung und deine Verbindung zum Universum stärken und ausgleichen. Solltest du weitere Unterstützung oder Anleitungen benötigen, stehe ich gerne zur Verfügung!

Ich bringe Glück

In der schöpferischen Ebene gibt es nur Fülle und Reichtum von Allem. Es existiert kein Mangel, keine Angst, keine Hektik, Eile oder Hast wie in der Energie des Konkurrenz- Denkens.

Verlässt du diese tiefe Ebene, wirst du sehr schnell merken, dass dir absolut niemand etwas wegnehmen kann oder du hektisch handeln musst, denn es ist für alle genug da und für dich ist GESORGT!

Falls du denkst jemand hat dir deinen Traumjob vor der Nase weggenommen, dann vertraue darauf, dass es für dich, wenig später, etwas viel besseres auftut. Sich etwas noch Besseres und Größeres zeigt!

Wie schon gesagt, auf der schöpferischen Ebene gibt es keinen Mangel an irgendetwas, also sei schöpferisch, lass dich nicht beirren und Erschaffe!

Die schöpferische Ebene ist die energetische Substanz, die nur darauf wartet das du sie benutzt. Du bist das wundervollste und reichste Wesen und kannst das wundervollste und reichste erschaffen, was es gibt.

Von meiner Sicht her ist es so, sobald jemand wieder in die Eile, Hast, Angst oder Konkurrenz geht, geht er gleichermaßen aus dieser schöpferischen, kraftvollen Energie raus, rein in die Schattenkreationen.

Sobald du ganz aus der Konkurrenz- und Mangelenergie heraus gehst, wird sich Dankbarkeit in dir entfalten. Dankbarkeit, für mich die schönste Energie im Universum!

Dankbarkeit erwähne ich in allen Teilen meiner Arbeit und Büchern, denn ich persönlich möchte immer von Dankbarkeitsenergie umgeben sein, denn sie ist golden.

(Ich habe extra das Buch, "Mein Buch der Dankbarkeit" verfasst, womit du den Fokus auf die Dankbarkeit, die Liebe, die Freude und das Gold lenken kannst- und zwar jeden Tag)

Das wiederum verbindet dich mit deinen wahren höheren Ebenen und natürlich mit Vertrauen. Auch das Vertrauen in den göttlichen Schutz, göttliche Gerechtigkeit, göttliche Liebe, göttliche Weisheit und in göttliche Fülle!

Ich habe mich schon als Kind entschlossen in das Vertrauen zu gehen und in dem Gedanken der Fülle und Vermehrung NONSTOP zu leben- denn das Universum hat es mir gezeigt. Das Universum widerspiegelt es auf allen Ebenen und genau dasselbe mag ich auf allen Ebenen in meinem Leben habe. Ich kann es aus eigener Erfahrung sagen, denn nicht nur, dass ich es sehe, sondern das Universum hat mir diese Gesetze, diese Bewusstseinsebenen auch bewiesen. Aus dem Nichts heraus zu bekommen was man braucht. Ich WEISS ich kann dem Universum vertrauen. Voll und Ganz! Das Unsichtbare sichtbar werden zu lassen, ist das Zauberhafteste was es gibt.

Ich habe in mir den unerschütterlichen Glauben, dass ich mich selbst immer in der Substanz der Vermehrung und des Guten befinde und das mich diese Energie inspiriert, erfüllt und durchdringt- in jedes Molekül meines Seins und in jeder Zelle meines Körpers.

Ich tue alles was ich tue in der festen Überzeugung dass ich eine Persönlichkeit bin, die sich immer weiterentwickelt und somit ALLEN Glück bringt und einen grandiosen Fortschritt! Ich bringe Glück und nehme andere dabei mit!

Sag es dir:

"Ich bringe Glück und nehme andere dabei mit!"

Übernimm diese Einstellung für immer- sage dir in Kurzform- **"Ich bringe Glück!"**

Das Universum freut sich darüber und kann dir noch mehr Glück schenken!

Ich sage mir auch immer, **"An meiner Seite wachsen ALLE!"**.

Ist das nicht schön? Übernimm es auch und verinnerliche es, lass es in dein Unterbewusstsein fließen und lass dein Team es dir immer zujubeln!

Ich weiß es und ich fühle es! Ich sehe es! Ich bin reich und ich mache in diesem Reichtumsglauben, in dieser Reichtumssubstanz, in dieser Reichtumsfrequenz, alle reich! Es ist für ALLE, denn alle sind Seelen, alle sind Energie und daher gibt es keine Grenzen zwischen mir und dir!

Ich bin reich und alle Menschen um mich auch! Ich gebe aus meiner Fülle heraus allen anderen das Wissen, dass sie von mir profitieren und mit mir wachsen können. Es gibt nur Fülle in mir und in den anderen.

Wenn du dir das verinnerlichst, verlässt du die Schattenebene und kommst zu dem was du wirklich bist. Ein einzigartiges, schöpferisches Wesen.

Du musst verstehen, das dieser weltliche Mangel mit Absicht gelegt ist und die Schattenenergie, denn so sind die Menschen manipulierbar.

Wenn du aber deine Seele wieder erkennst, deine Substanz, Kraft, Fülle und alle oberen Bewusstseinsebenen, dann bist du frei! Dann bist du ein zauberhaftes, freies und glückliches Wesen! Das weiß ich!

Es tut mir im Herzen weh wenn die Menschen sich in der Schattenenergie verfangen und anfangen zu glauben, dass diese tiefe Energie, mit allem drum und dran, ihr wahres Sein ist.

Ich gebe jeden Tag alles, dass die Menschen in ihre eigene Kraft kommen und ihr Potential in diese Welt bringen können!

Achte immer darauf, dass du allen einen größeren Nutzwert gibst, als den finanziellen Wert, den du von ihnen annimmst.

Und du weißt, das alles was du gibst kommt 10-fach oder millionenfach zu dir zurück!

In der Schöpfungsfrequenz gibt es einfach nur WACHSTUM.

Wachstum ist Schöpfung, es ist das Wissen das es nur Fülle gibt, Kraft, unendliche Liebe, Gesundheit, Reichtum, Schönheit, Freude, Erfolg, Ideen, die Seele!

Frieden wird es dann geben, wenn die Menschen wieder in ihre einzigartige Schöpfungskraft kommen und sie nutzen, denn dann wissen sie, sie sind Seele! Leider wird es so lange diesen Unfrieden, Kämpfe, innere und äußere Kriege geben, solange es diese Schattenkreation, mit all dem Machtmissbrauch, Konkurrenz, schwere und Wut,… gibt.

Solange werden sich auch Paare, die sich einmal geliebt haben, um Dinge, Kinder, Geld, Ehre streiten, oder sogar bekämpfen, um zu zeigen wer über dem anderen steht und gewinnt.

Anstatt zu erkennen, alles ist Wachstum, wir sind verschieden gewachsen, wir sind herausgewachsen, aber wir können respektvoll

miteinander umgehen und zum Beispiel, den Kindern zeigen, es geht
nicht darum den anderen fertig zu machen und gegen ihn zu
gewinnen, es geht einfach darum die Schöpfungskraft zu nutzen und
eine neue Ebene zu finden und zu erlangen.

Schattenbereiche unseres Lebens loslassen und sich wieder mit seinem inneren Licht zu verbinden

Hier sind einige Vorschläge:

1. Achtsamkeit und Meditation:

- **Tägliche Praxis:** Beginne deinen Tag mit einer kurzen Achtsamkeits- oder Meditationsübung. Setze dich an einen ruhigen Ort, schließe die Augen und konzentriere dich auf deinen Atem. Lasse alle Gedanken und Ängste los, und richte deine Aufmerksamkeit nur auf den gegenwärtigen Moment und dein dich umgebendes Gold.
- **Lichtvisualisierung:** Stelle dir vor, wie mit jedem Atemzug dein warmes, goldenes Licht in deinen Körper einströmt. Lass dieses Licht alle Schatten in dir auflösen, bis du dich erfüllt und gestärkt fühlst.

2. Dankbarkeit üben:

- **Tägliches Dankbarkeitsjournal:** Schreibe jeden Tag Dinge auf, für die du dankbar bist. Dies verlagert den Fokus von Mangel und Angst auf Fülle und Positivität. (Nutze dabei gerne mein Buch "Mein Buch der Dankbarkeit")

3. Affirmationen:

- **Positive Selbstbekräftigung:** Verwende Affirmationen, du findest sie am Ende dieses Buches. Oder auch in meinen Büchern, "Ich bin die Liebe meines Lebens" oder "Mindset eines Gewinners". Wiederhole die von dir gewählten Affirmationen täglich, um dein Unterbewusstsein auf positive Gedanken und Energien auszurichten.

4. Erdung:

- **Naturverbundenheit:** Verbringe Zeit in der Natur und regeneriere damit automatisch dein Torusfeld, um Stabilität und Klarheit zu gewinnen.

5. Loslassen durch Schreiben:

- **Freies Schreiben:** Nutze das Schreiben, um all deine Ängste und Schatten auf Papier zu bringen. Ohne nachzudenken, schreibe alles nieder, was dich belastet. Anschließend kannst du dieses Papier symbolisch verbrennen (sicher!), um den Loslassprozess zu verstärken und Freiraum zu haben für all das Positive in deinem Leben.

6. Liebende-Kind-Meditation:

- **Innere Umarmung:** Visualisiere dich selbst als Kind und umarme dich innerlich mit Liebe und Akzeptanz. Erkenne an, dass es sicher ist, Angst zu fühlen, und dass du jetzt in der Lage bist, für dieses innere Kind zu sorgen. Du nimmst es mit in deine Gegenwart, damit zeigst du ihm- du musst nie wieder zurück, ab heute bist du sicher bei mir- ich beschützte dich. Es ruht sich in deinem Herzen.

7. Bewusstes Atmen:

- **Tiefenatmung:** Bei aufkommender Angst oder negativen Gedanken konzentriere dich auf tiefe Atemzüge, aber schnelle. Atme 2x tief, aber schnell ein, um dann auszuatmen. Gleich darauf wieder 2x ein, Bauch, Brust, um dann wieder auszuatmen und lasse alles gehen, was du in deinem Körper festgehalten hast. Dies befreit dein Nervensystem und beruhigt es dann! Du wirst dann sofort merken, wie es deinen Geist klärt.

Diese Übungen können helfen, die inneren Schatten loszulassen und verbinden dich mit Leichtigkeit und Freude mit deiner eigenen Seele.

Das Mindset verändern

Sei bereit herauszutreten, entscheide dich heute dein Mindset zu verändern und sei stolz auf den Weg, den du schon gegangen bist und du jetzt deine ganze Schöpfungskraft nutzten wirst.

Ich bin ganz ehrlich stolz und tief dankbar darüber, wer ich bin, was ich aus meinem Erlebten gemacht habe, was ich tue und strahle es in diese zauberhafte Welt. Und ich hoffe DU machst das auch. Sei stolz auf dich, sei dankbar und strahle deine Seelenessenz in diese Welt, unverwechselbar, denn sie ist wie dein persönlicher Fingerabdruck.

Mit deinem neuen Mindset, was du dir gerade kreierst, bist du ein Magnet für das Gute, für Licht, Liebe, Freude, Glück und Vermehrung. Andere Menschen gehen immer dorthin, wo Vermehrung, Kraft, Erfolg, Glück und Wachstum auf allen Ebenen angeboten wird.

Ich bin wirklich ein Mensch, eine Seele, die Vermehrung und Glück für alle will, denn wie schon gesagt, ich weiß, dass das Universum das so möchte.

Sei die beste Version von dir, lebe es, zeige es und sei es!

Du wirst dich wundern wie du dich immer schneller entwickelst und wirst überaus überrascht sein, über den Gewinn auf allen Ebenen in deinem Leben.

"Was ich für mich möchte, dass möchte ich auch für die anderen Menschen!"- das ist wirklich Liebe für mich!

1. Vom Mangeldenken zum Fülledenken:

- **Glaube an Fülle:** Anstatt sich auf das zu konzentrieren, was fehlt, richte deinen Fokus darauf, was du bereits hast und was noch möglich ist. Glaube daran, dass es genug für alle gibt und dass auch du Wohlstand und Erfolg erleben kannst.

2. Selbstzweifel in Selbstvertrauen verwandeln:

- **Stärke dein Selbstwertgefühl:** Erkenne deine Fähigkeiten und Talente an. Erinnere dich an vergangene Erfolge und nutze sie als Beweis für dein Potenzial. Freu dich über jeden Schritt den du nach oben machst. Jeder Schritt in deine Bewusstseinsebenen, ist ein Erfolg! Feier deine Erfolge!

3. Negative Gedanken in positive umwandeln:

- **Positives Reframing:** Wenn du dich bei negativen Gedanken ertappst, halte inne und überlege, wie du diese umformulieren kannst, sodass sie positiver und konstruktiver sind oder fange sofort an, positive Affirmationen zu sagen.

4. Opferdenken in Verantwortungsbewusstsein umwandeln:

- **Übernimm Verantwortung:** Erkenne, dass du die Kraft hast, Änderungen in deinem Leben vorzunehmen. Verabschiede dich von der Opferrolle und erkenne deine Fähigkeit, Herausforderungen proaktiv anzugehen, denn du bist Seele!

5. Perfektionismus loslassen:

- **Akzeptiere Unvollkommenheit:** Verstehe, dass Perfektion nicht notwendig ist und dass Fehler Chancen zum Lernen bieten. Erlaube dir, auch unvollkommen zu sein und trotzdem voranzukommen und das es okay ist, wenn was nicht gleich 100% klappt.

6. Gemeinschaftliches Denken statt Konkurrenzdenken:

- **Kooperation fördern:** Sieh andere Menschen nicht als Konkurrenz, sondern als Partner in persönlichen und

beruflichen Bereichen. Ein Netzwerk kann mehr erreichen als
ein Einzelkämpfer.

7. Vom starren zum wachstumsorientierten Mindset:

- **Lerne und wachse:** Begrüße Herausforderungen als
  Chancen zu lernen. Vertraue darauf, dass du durch Ausdauer
  wachsen kannst und das du dir schon vor langer Zeit, für jede
  Herausforderung, das richtige Werkzeug bereitgestellt hast.

8. Dankbarkeit statt Unzufriedenheit kultivieren:

- **Übe Dankbarkeit:** Führe ein Tagebuch, um regelmäßig die
  Dinge aufzuschreiben, für die du dankbar bist. Dies steigert
  das Glücksempfinden und hilft, eine positive Grundhaltung zu
  bewahren.

9. Ängste in Mut umwandeln:

- **Mut statt Angst:** Erkenne, dass Mut nicht die Abwesenheit
  von Angst ist, sondern die Entscheidung, trotz der Angst zu
  handeln. Begib dich bewusst aus deiner Komfortzone, um zu
  wachsen.

Kein Deal mehr

Mache keine Deals mehr mit der Angst oder der Panik, mit der Schattenebene. Das brauchst du nicht mehr. Diesen Fake hast du jetzt aufgedeckt und du weißt wer und was du bist, was dir alles in deinen wahren Lichtebenen, Bewusstseinsebenen, Seelenebenen zur Verfügung steht!
Kein Deal mehr!
Ich möchte dir das kurz erläutern, auf was ich dabei hinaus möchte. Du weißt das deine Energie immer in eine Richtung fließt, die Richtung worauf dein Fokus geht. Dahin wo deine Energie geht, gehen deine Emotionen, daraus werden deine Gedanken kreiert, und natürlich entstehen daraus Handlungen! Handlungen sind die reellen Aktionen auf dieser Erde, was manifestiere ich also auf dieser Erde. So bleibt es nicht nur in einem energetischen Feld hängen, sondern wird in die Realität gezogen.
Erinnere dich auch an das Torusfeld.
Handlungen, sind Entscheidungen, die in deine gelebte, gedachte, gefühlte Energie hier auf der Erde gezogen werden. So, nun wissen wir, das jede Entscheidung, jede Handlung, jede Aktion einen Energiefluss auslöst und natürlicherweise eine Reaktion, von Menschen, von der Welt, von den Energiefeldern, vom Universum.
Alles auf dieser Welt lebt von Aktion und Reaktion oder auch umgekehrt, eine Reaktion, eine Aktion.
Überlege dir mal kurz was passiert, wenn jede deiner Aktionen, ausgelöst wird von der Angstenergie, von der Panik, von einer Schattenkreation?
Was wirst du wohl für Reaktionen bekommen und viel wichtiger noch, wenn deine angst- panikerfüllten Aktionen auf eine noch größere angst- panikerfüllte Reaktion trifft.
Ich glaube das müssen wir uns hier nicht ausmalen!
Was passiert wenn dein Fokus nun, deine wundervolle Energie, deine Handlungen, deine Aktionen, voll ins Positive gehen?
Es wird ein Feuerwerk des Guten zu dir zurückkommen und dein gesamtes Leben erfüllen.

Vergiss niemals, das Stress und ein anhaltender Überlebensmodus das Gehirn und das mentale Wohlbefinden erheblich belasten kann. Um dem entgegenzuwirken und Heilung zu fördern, gibt es gezielte Übungen und Praktiken, die helfen können, das Stressniveau zu senken und die Gesundheit von Geist und Körper zu stärken. Hier sind einige effektive Methoden zusammengefasst:

1. Breathwork:

- **Tiefenatmung:** Lege dich bequem hin und lege eine Hand auf den Bauch und die andere auf deine Brust. Atme tief durch die Nase ein, zweimal, sodass sich der Bauch hebt und dann deine Brust, und schnell durch den Mund aus. Ein, Ein, Aus. Ein, Ein, Aus. Diese Art von Atmung aktiviert das parasympathische Nervensystem und fördert Entspannung, da du alles festsitzende aus deinem Körper befreist. Der Atem wird durch deine ganzen Bewusstseinsebenen dringen und alles öffnen, so dass du wieder das zauberhafte, goldene Gefäß bist, wodurch deine Seele strahlen kann.

2. Progressive Muskelentspannung:

- **Anspannen und Entspannen:** Arbeite dich bewusst durch verschiedene Muskelgruppen im Körper, indem du sie anspannst und dann loslässt, natürlich unterstützt durch deine Atmung. Dies hilft, körperliche Spannungen abzubauen und ein Gefühl der Entspannung zu erzeugen.

3. Achtsamkeitmeditation:

- **Präsenz im Moment:** Setze dich an einen ruhigen Ort, konzentriere dich auf deinen Atem und versuche, jeden Gedanken ohne Urteil zu beobachten, bevor du deine Aufmerksamkeit sanft wieder auf den Atem lenkst. Bitte Erzengel Metatron dich dabei zu unterstützen und lerne deine Achtsamkeit. So kommst du in deine Sanftheit und kannst loslassen. Diese Praxis fördert einen ruhigen Geist und

reduziert Stresssymptome und die Ausschüttung von
Stresshormonen.

4. Körperliche Bewegung:

- **Regelmäßige Aktivität:** Finde eine Art von körperlicher
  Aktivität, die dir Freude macht, sei es Gehen, Laufen, Yoga,
  Tennis oder Tanzen. Bewegung setzt Endorphine frei, die
  helfen, Stress abzubauen und das Gehirn zu stärken.

5. Schlafhygiene verbessern:

- **Regelmäßiger Schlafrhythmus:** Achte auf einen gesunden
  Schlafzyklus, indem du zur gleichen Zeit zu Bett gehst und
  aufwachst. Ein erholsamer Schlaf ist essenziell für die Heilung
  und Erholung des Gehirns. Bevor du Schlafen gehst, rufe
  Erzengel Raphael und bitte ihn dich zu umhüllen, dass du
  ruhig und beschützt schlafen kannst.

6. Ernährung und Hydration:

- **Ausgewogene Ernährung:** Achte auf eine nahrhafte
  Ernährung, die reich und ausgewogen ist. Antioxidantien,
  Mineralien und Vitaminen, um die Gesundheit des Gehirns zu
  unterstützen. Vergiss nicht, ausreichend Wasser zu trinken.
  Auf meiner Website findest du 2 tolle Produkte, mit denen ich
  Zusammenarbeite.

7. Mentale Übungen:

- **Hirntraining:** Nutze Rätsel, Kreuzworträtsel, oder andere
  Denkspiele, die das Gehirn anregen und seine Funktion
  unterstützen. Diese Übungen helfen, die kognitiven
  Fähigkeiten zu erhalten und zu verbessern.

8. Soziale Bindungen stärken:

- **Positive Interaktionen:** Soziale Unterstützung ist entscheidend für psychische Gesundheit. Verbringe Zeit mit Familie und Freunden, die dir Kraft geben und dir helfen, positive Emotionen zu fördern und Stress abzubauen. Du kannst ganz leicht Lakshmi in dein Leben rufen, sie verbindet!

9. Visualisierung und Zielsetzung:

- **Positive Bilder schaffen:** Stelle dir regelmäßig positive Szenarien oder Ziele vor, wie du es gelernt hast in der Layout Ebene! Diese Technik deiner goldenen Leinwand, kann das Gehirn trainieren, sich auf positive Ergebnisse zu konzentrieren und Stress zu mindern.

Indem du diese Übungen in deinen Alltag integrierst, kannst du das Stressniveau effektiv senken und das Gehirn sowie das Mindset auf Heilung und positive Veränderungen ausrichten. Bleib geduldig mit dir selbst und erkenne, dass Heilung Zeit und kontinuierliche Pflege erfordert.

Habe keine Angst vor deinem eigenen Licht, freue dich über dein Licht, über deine Seele, deine Schönheit und dein Potential.

Willkommen in der Zauberwelt der Energien

Lass mich dich auf eine wundervolle Reise entführen, tief hinein in das Mysterium und die Magie der unsichtbaren Welten. Es ist eine Welt, die jenseits der physischen Realität existiert—eine Welt, die durch meine Hellsichtigkeit zum Leben erwacht und dir Einblicke in die Astralebene, das Universum, all die zauberhaften Helfer, die Seelen und die uns umgebenden Energien schenkt.

Die Astralwelt: Eine Dimension der Magie

In der Astralwelt entfaltet sich ein Universum, das voller Licht und Lebendigkeit erstrahlt. Diese Sphäre, die durch keine physischen Gesetze eingeschränkt ist, pulsiert in einem Kaleidoskop aus Farben, Frequenzen und Schwingungen. Hier tanzen die Seelen in Formen und Mustern, die das menschliche Auge nicht leicht erfassen kann, und doch sind sie von unendlicher Schönheit geprägt. Diese Welt ist erfüllt von der bedingungslosen Liebe und Weisheit der astralen Helfer—Lichtwesen, die stets bereit sind, uns zu unterstützen und zu leiten. Ihre Präsenz ist eine ständige Erinnerung daran, dass wir niemals alleine sind, dass Hilfe immer nahe ist, wenn wir uns nur dafür öffnen.

Energien, die uns umgeben

Auf der Erde, in unserem alltäglichen Sein, sind wir umgeben von einem unsichtbaren Netz aus Energien- unserer Aura. Diese Energien fließen in und um uns herum, tragen Geschichten von Freude, Hoffnung und auch von Herausforderungen. Durch meine Hellsichtigkeit sehe ich die Aura und Energiefelder, die jedes Lebewesen umgibt—sie sind die farbenfrohen Abbilder unserer inneren Welten.
Jede Bewegung, jeder Gedanke und jede Emotion hinterlässt eine Spur und trägt dazu bei, das energetische Gleichgewicht des gesamten Planeten zu beeinflussen. Indem wir uns dieser Energien

bewusst werden, erkennen wir die unzerstörbare Verbindung
zwischen uns allen.

Die Herkunft der Seelen: Ein kosmisches Wunder

Jede Seele entspringt der magischen Quelle voller Licht und Liebe-
der göttlichen Quelle. Diese Ursprungsenergie ist unsere Heimat,
eine vertraute Melodie, die in den Tiefen unseres Seins widerhallt
und mit der wir auch auf Erden verbunden sind- die Überseele, der
göttliche Kern. Die Seelenreise ist eine Rückkehr zu dieser
unbeschreiblichen Schönheit und Vollkommenheit.
In der Begegnung mit der eigenen Seele eröffnen sich neue
Dimensionen des Verständnisses und der Akzeptanz. Es ist eine
Einladung, mit offenen Armen die eigene Essenz anzunehmen und
die eigene Bestimmung zu umarmen.

Die Zauberkraft der Liebe

Alles, was wir in diesen Welten erfahren, wird durch die Zauberkraft
der Liebe zusammengehalten. Sie ist die treibende Kraft hinter
jedem atomaren Tanz, jedem Streben nach Wachstum und jedem
Akt der Verbundenheit. In der Liebe finden wir die Antworten auf
unsere tiefsten Fragen und die Heilung für all unsere Wunden.
Lass diese Beschreibung eine Einladung sein, deine eigene Seele zu
erkunden und die Schönheit, die in jedem Moment deines Lebens
auf dich wartet, zu entdecken. Möge diese Reise dich dazu
inspirieren, die Magie der Zauberwelt der Energien voller Mut und
Freude zu erleben. Liebe dich selbst, denn du bist liebenswert. Du
bist die Liebe, von Innen und von Außen. Lebe deine Zauberkraft der
Liebe für dich und dann schenke sie im außen.

Ich hoffe, diese Zeilen bringen die wunderbare Welt, zu dir nach
Hause.

Erkenne sie mit deinem 3. Auge, fühle sie mit deinem Herzen, lass es dir über deinen Higher Mind zuflüstern und dich von deiner Seele damit erleuchte!

Das Cord Cutting

Cord Cutting ist eine wichtige energetische Praxis, die dabei hilft, unerwünschte oder belastende energetische Verbindungen, aller Arten, zu lösen. Diese Verbindungen, oft als "Energiebänder" oder "Cords" bezeichnet, können sich im Laufe der Zeit mit Menschen, Orten oder Situationen bilden, die uns in irgendeiner Weise beeinflussen. Diese energetischen Verbindungen können unsere Energie ableiten und uns daran hindern, vollständig in unserer eigenen Kraft und Klarheit zu leben.

Bedeutung des Cord Cuttings:

1. **Energetische Freiheit:** Cord Cutting hilft dabei, energetische Lasten loszulassen und sich von Einflüssen zu befreien, die nicht mehr dienlich sind.
2. **Emotionale Klarheit:** Durch das Lösen dieser Verbindungen können emotionale Bindungen, die mit Schmerz, Angst oder Trauma verbunden sind, geheilt werden.
3. **Stärkung des Selbst:** Es ermöglicht dir, mehr von deiner eigenen Energie zu behalten und in deine persönliche Kraft zu treten.
4. **Förderung des Wachstums:** Ohne die Belastung alter Energien kannst du freier wachsen und neue Erfahrungen ohne Vorbehalte und Einschränkungen willkommen heißen.

Wie das Reinigen eines Gartens von Unkraut, ermöglicht Cord Cutting, die Energieverbindungen bewusst zu lösen, die nicht mehr zu unserem höchsten Wohl beitragen. Es ist ein Akt der Selbstfürsorge, der uns regelmäßig hilft, Raum zu schaffen, in dem wir wachsen und gedeihen können. Befreit von erdenden Energien, gewinnen wir Klarheit, Vitalität und die Freiheit, unser Leben mit Absicht zu gestalten.
Cord Cutting bringt Licht in die Bereiche, die uns oft unbewusst belasten und gibt uns die Möglichkeit, Anhaftungen und Emotionen loszulassen, die nicht mehr dienlich sind. Es ist das Loslassen von

den energetischen Fäden, die unsere Energiereserven erschöpfen und unser volles Potenzial hemmen können.

Ohne die Ablenkung alter Verbindungen bist du in der Lage, deine Energien auf das zu lenken, was wirklich bedeutend ist und dir Freude bereitet. Cord Cutting ist nicht nur ein Akt des Loslassens, sondern auch ein kraftvoller Schritt in Richtung eines bewussteren und erfüllteren Lebens. Indem du alte Verbindungen regelmäßig überprüfst und löst, pflegst du deinen energetischen Raum und gestaltest das Energiemuster deines Lebens in Harmonie und Licht.

Cord Cutting Übung mit Hilfe von Erzengel Michael, Ganesh, Kali und Maat:

So, jetzt erlernst du, wie du jegliche Verbindungen durchtrennen kannst. Ich wünsche dir super viel Spaß!

Vorbereitung:
1. **Finde einen ruhigen Ort:** Setze dich bequem hin, entspanne deinen Körper und atme einige Male tief ein und aus. Finde deine Mitte und spüre den versorgenden, goldenen Lichtstrahl von Mutter Erde und vom Universum. Du bist ganz eingehüllt.
2. **Setze eine klare Absicht:** Sag in deinem Geist oder laut, dass du alle nicht-dienlichen energetischen Verbindungen lösen möchtest, die nicht Licht, Liebe und Freude entsprechen und dich daran hindern, du selbst zu sein.

Die Übung:
1. **Rufe Erzengel Michael:** Bitte Erzengel Michael, mit seinem mächtigen Schwert aus Licht alle vorhandenen energetischen Verbindungen zu durchtrennen, die nicht mehr deinem höchsten Wohl dienen. Egal aus welcher Zeit, Ebene, Dimension, Situation, karmisch oder aus dem Hier und Jetzt, und ganz egal ob es kleine seidenen Fädchen sind, riesige Schnüre, Gummibänder, Ketten, Verflechtungen oder klebrige

Anhaftungen, es wird jetzt alle durchtrennt. Und es ist egal ob diese Verbindungen, von dir zu jemandem Anders gehen, oder von Jemandem zu dir. Visualisiere, wie er mit seinem Schwert sanft, aber bestimmt diese Bänder durchtrennt, während du tief atmest und gleichzeitig alle Endstücke entfernt werden.

2. **Bitte Ganesh:** Lade Ganesh nun ein, alle Hindernisse zu beseitigen, die dich daran hindern, vollständig loszulassen. Visualisiere, wie seine Energie alle Blockaden und negativen Verbindungen entfernt, komplett säubert.

3. **Beschwöre Kali:** Stell dir vor, wie Kali mit ihrer furchtlosen und transformativen Energie alle negativen Energien und Verbindungen in Flammen aufgehen lässt und reinigt, damit sie gänzlich von dir gehen und in Licht umgewandelt werden.

4. **Bitte Maat um Balance:** Rufe jetzt Maat an, dir zu helfen, nach dem Cord Cutting, Ausgeglichenheit und Heilung wieder zu erlangen. Visualisiere, wie sie die Feder der Wahrheit, Klarheit und Liebe nutzt, um dein Herz und deine Seele auszugleichen und Harmonie zu bringen.

Abschluss:

- **Dankbarkeit ausdrücken:** Bedanke dich bei Erzengel Michael, Ganesh, Kali und Maat für ihre Unterstützung und Führung und natürlich bei deiner goldenen Energie.

- **Erdung und Verbindung:** Stell dir vor, dass dein goldener Lichtstrahl aus deinen Füßen in die Erde fließt, um dich zu erden und aus deinem Kopf der goldene Laserstrahl ins Universum- 100-fach stärker fließt diese goldene Energie zu dir zurück und erfüllt dich gänzlich! Spüre wie schön du jetzt bist.

- **Rückkehr in den Raum:** Atme tief ein und öffne deine Augen, indem du dich ein wenig bewegst, um ganz im Hier und Jetzt zu sein.

Diese Übung kann dir helfen, dich von alten, nicht-dienlichen Energien zu befreien und deine eigene persönliche Kraft wieder zu entdecken. Führe sie so oft durch, wie es sich für dich gut anfühlt, um Klarheit und Freiheit in deinem Energie- und Seelenleben zu fördern.

Lösen von Fremdenergien

Fremdenergien sind Energien, die nicht zu deinem eigenen natürlichen Energiesystem gehören und dennoch Einfluss auf dich haben können. Diese Energien können aus verschiedenen Quellen stammen und verschiedene Formen annehmen:

Herkunft von Fremdenergien:

1. **Emotionale Energie von anderen:** Manchmal nehmen wir die Gefühle und Stimmungen anderer Menschen auf, besonders wenn wir in ihrer Nähe sind oder eine emotionale Verbindung zu ihnen haben. Dies kann bewusst oder unbewusst geschehen.
2. **Negative Umgebungen:** An Orten, an denen viel Stress, Konflikt oder Traurigkeit herrscht, können solche Energien in der Atmosphäre verweilen und von uns aufgenommen werden.
3. **Ungelöste Konflikte:** Emotionale oder energetische Verbindungen zu Menschen aus der Vergangenheit, mit denen es ungelöste Angelegenheiten gibt, können ebenfalls als Fremdenergien wirken.
4. **Energetische "Rückstände":** Bei der Interaktion mit anderen oder unterschiedlichen Situationen können energetische "Rückstände" der Schattenkreationen zurückbleiben oder aufgenommen werden, besonders wenn man empathisch oder sensitiv veranlagt ist.

Auswirkungen von Fremdenergien:

- **Emotionale Verwirrung:** Du könntest Gefühle oder Gedanken haben, die nicht typisch für dich sind, was zu Verwirrung oder Unwohlsein führt.
- **Energieverlust:** Das Tragen von Fremdenergien kann erschöpfend sein, da sie deine eigene Energiemenge verringern können.

- **Beeinträchtigung der Entscheidungen:** Fremdenergien
  können deine Klarheit und Entscheidungsfähigkeit
  beeinflussen, indem sie deine wahren Gedanken und Gefühle
  verdecken.

Umgang mit Fremdenergien:

Um den Einfluss von Fremdenergien zu minimieren, ist es wichtig,
regelmäßige energetische Reinigungspraktiken durchzuführen, wie
beispielsweise die folgende Meditation oder das schon erlernte Cord
Cutting und natürlich die Arbeit mit den goldenen Energien! Auch das
Setzen von klaren emotionalen und energetischen Grenzen kann
helfen, die Aufnahme von Fremdenergien zu reduzieren und vor
allem das Verlassen der Schattenkreationen.
Ein bewusster Umgang mit deiner eigenen Energie kann dir helfen,
unterscheidungsfähiger zu werden, was tatsächlich zu dir gehört und
was nicht, was sind die Kreationen der Schattenebene und was ist
aus der göttlichen Quelle, glaube mir, das ist dann ganz schnell klar
und somit bekommst du ein gesünderes und ausgewogeneres
energetisches Gleichgewicht und Empfinden.

Nun zeige ich dir, wie du Fremdenergien loslassen kannst und deine eigene wahre Energie wiederfindest, unterstützt von Erzengel Michael, Erzengel Raphael und der Göttlichen Mutter:

Übung: Rückkehr zu deiner wahren Energie

Vorbereitung:
1. **Finde einen ruhigen Ort:** Setze dich bequem hin, schließe die Augen und nimm ein paar tiefe, beruhigende Atemzüge, um dich zu zentrieren. Finde deine Mitte und spüre den versorgenden, goldenen Lichtstrahl von Mutter Erde und vom Universum. Du bist ganz eingehüllt.
2. **Setze deine Absicht:** Erkläre in deinem Geist oder laut, dass du bereit bist, alle Fremdenergien loszulassen, um deine eigene Energie vollständig zu klären und zurückzuholen.

Die Übung:
1. **Rufe Erzengel Michael:** Bitte Erzengel Michael, dich mit seinem schützenden blauen und goldenen Licht zu umgeben. Stell dir vor, wie dieses Licht jegliche Fremdenergie löst und sanft aus deinem Energiefeld entfernt. Sage: "Bitte lieber Erzengel Michael, ich habe mich jetzt entschieden, alle vorhandenen Fremdenergien loszulassen. Hiermit verlassen alle Fremdenergien mein gesamtes Energiefeld und gehen dorthin zurück wo sie hingehören und herkommen sind. Jetzt, zum Besten und zum Wohle ALLER!" Sieh und spüre, wie er diese Energien an ihre Ursprungsorte zurückführt.
2. **Bitte Erzengel Raphael:** Lade Erzengel Raphael ein, deine Energiefelder mit seinem goldenen heilenden, smaragdgrünen Licht zu durchfluten. Dieses heilende Licht hilft, alte Lücken zu schließen und es bringt dir deine wahren Energien zurück. Sage: "Lieber Erzengel Raphael, ich bitte dich, bringe mit deinem goldenen Licht all meine wahre Energie zu mir zurück, all die Energie, die ich vielleicht mal abgegeben habe, die mir genommen wurde oder ich irgendwo verloren habe. All meine Energie findet jetzt wieder zu mir zurück, an den besten Platz

in meinem gesamten Energiesystem! Vielen Dank! Bitte
stärke jetzt mein energetisches System, um harmonisch und
gesund zu sein!"

3. **Verbinde dich mit der Göttlichen Mutter:** Bitte die Göttliche
    Mutter, dich mit ihrer unendlichen Liebe und ihrem Schutz zu
    ummanteln. Wie eine warme Decke legt sie ihre Energie um
    dich und beschützt dich. Stelle dir vor, wie sie mit einem
    warmen Licht deine restliche verloren gegangene Energie
    zurück in dein Wesen ruft, um deine Essenz zu regenerieren
    und aufzufüllen. Spüre tiefe Dankbarkeit für ihre Liebe.

Integration:

- **Visualisierung:** Sieh und fühle, wie deine eigene, wahre
  Energie in einem goldenen Lichtstrom sanft in dich hinein
  fließt, deine Zellen und dein Wesen erfüllt, bis du wieder
  vollständig du selbst bist.
- **Dankbarkeit:** Bedanke dich bei Erzengel Michael, Erzengel
  Raphael und der Göttlichen Mutter für ihre Hilfe und ihren
  Schutz während dieses Prozesses.

Rückkehr:

1. **Erdung und Verbindung mit deinen Bewusstseinebenen:**
    Stell dir vor, wie du deine goldene Verbindung mit der Erde
    aufnimmst, indem du Wurzeln wachsen lässt, die dich tief in
    die Erde erden. Dann nimmst du wahr, wie dein Lichtstrahl
    vom Kopf ins Universum schießt, durch deine ganzen
    Bewusstseinsebenen, bis in dein Überherz und deine
    Überseele.
2. **Bewusstes Atmen:** Atme ein paar mal tief ein und aus und
    öffne dich für die universelle Liebe. Dann öffne deine Augen
    und komm mit ein wenig Bewegung wieder bewusst im Raum
    an.

Diese Übung hilft, Fremdenergien liebevoll zurückzugeben und deine
eigene, pure Energie wieder in dir zu verankern. Wenn du

regelmäßig praktizierst, kannst du ein tieferes Gefühl von Klarheit und Selbstverbindung in deinem Alltag erleben.

Die goldene Leinwand- um zu lösen

Die goldene Leinwand ist ein kraftvolles Werkzeug der Transformation, das uns hilft, die negativen Aspekte unseres Lebens in Licht und Frieden zu verwandeln. Sie bietet einen sicheren Raum, um all das, was uns belastet und in Schatten hüllt, freizugeben und in positiven, heilenden Energien aufzulösen.

Die Anwendung der Goldenen Leinwand:

1. Bereite dich vor:
*   Suche dir einen ruhigen Ort, an dem du ungestört bist. Setze dich bequem hin, schließe die Augen und atme tief ein und aus, um dich zu zentrieren und deinen Geist zu beruhigen. Finde deine Mitte und spüre den versorgenden, goldenen Lichtstrahl von Mutter Erde und vom Universum. Du bist ganz eingehüllt.

2. Stelle dir die goldene Leinwand vor:
*   Visualisiere vor deinem inneren Auge eine große, schimmernde Leinwand aus reinem Gold. Sie ist auch genährt von Mutter Erde und vom Universum. Diese Leinwand ist pure goldene Energie und daher lebendig, fließend und bereit, alle Energien zu empfangen, die du transformieren möchtest.

3. Übertrage die Schatten:
*   Lege gedanklich alle negativen Dinge auf die Leinwand—alle Ängste, Sorgen, schmerzhaften Situationen und die Menschen, die dir Schwierigkeiten bereiten. Fühle, wie du diese Energien von deinem Körper und deinem Geist löst und sanft auf die goldene Leinwand abgibst.

4. Die Transformation beginnen:

- Sieh, wie das Gold der Leinwand jede dieser belastenden Energien liebevoll aufnimmt, umhüllt und in Licht und Weisheit transformiert, umwandelt. Die Leinwand arbeitet unermüdlich daran, jede Dunkelheit in strahlenden Glanz zu verwandeln.

5. Empfang von Goldstaub:

- Stell dir vor, dass aus dieser Umwandlung Goldstaub entsteht, der sanft auf dich herabrieselt. Dieser Goldstaub ist gefüllt mit Heilung, Frieden und neuer Energie. Spüre, wie er dich reinigt und stärkt, während er in jede Zelle deines Körpers eindringt und jedes Molekül deiner Aura erfüllt.

6. Übergebe die Leinwand:

- Übergebe nun die goldene Leinwand, die all diese transformierten Energien enthält, an die Göttliche Mutter und an Christus. In deiner Vorstellung nehmen sie die Leinwand liebevoll entgegen, und sie ziehen sie nach oben ins Universum, wo die Leinwand in das Gold übergeht und dadurch die Heilung und der Frieden verstärkt wird und der Goldstaub als Segen weiterhin auf dich rieselt.

7. Dankbarkeit ausdrücken:

- Bedanke dich bei der Göttlichen Mutter und Christus für ihre Präsenz und Unterstützung. Fühle die Dankbarkeit in deinem Herzen für die Transformation, die du erlebt hast.

8. Zurückkehren:

- Bringe deine Aufmerksamkeit zurück in den Raum, öffne sanft deine Augen und gestatte dir einen Moment, um die Ruhe und das Licht, das du jetzt in dir trägst, zu genießen.

Diese einfache, aber kraftvolle Praxis öffnet dir den Raum, Lasten der Vergangenheit wirklich loszulassen und sie in eine Quelle der inneren Stärke, Segen und Positivität zu verwandeln. Du wirst

erkennen, dass du die Macht hast, jede Herausforderung in eine
Gelegenheit zur Heilung und zum Wachstum zu transformieren.

Die goldene Leinwand- lerne zu manifestieren

Wenn ich mich hinsetze und an meine Wünsche denke, dann lasse ich meiner Vorstellungskraft, meiner Fantasie komplett freien Lauf.
Als Kinder machten das schon die meisten, da machen die Kinder es eigentlich automatisch, denn es ist unsere wahre Kraft.
Zu mir wurde in dem Moment immer gesagt, ich sei in meiner Traumwelt.
Kennst du das? Hast du vielleicht das Gleiche erfahren?
In die Vorstellungskraft, die Fantasie einzutauchen wurde als Schlecht dargestellt! Aber in Wahrheit ist es die größte Kraft die wir besitzen und ja, es ist die Traumwelt! Die Traumwelt der Layout Ebene, die es uns erlaubt zu träumen.
Als Kind bist du wahrscheinlich wie ich gewesen, automatisch in deine Fantasie eingetaucht, um die Schöpfungskraft zu entfalten, die wir besitzen!
Diese Schöpfungskraft lässt uns alles erschaffen und ist die bezaubernde Schöpfungssubstanz, die uns im Universum bereitsteht.
Diese Schöpfungskraft benutzen wir durch unseren Mind, weil die Seele genau weiß was wir ausdrücken sollen durch unseren Körper.
Deine Gedankenkraft, Vorstellungskraft, Fantasie, die Schöpfungskraft ist das Bindeglied zwischen deiner Seele und dem Körper, zwischen dem Unsichtbaren und dem Sichtbaren!
Nutze deine Vorstellungskraft und bringe deinen Seelenzauber durch deinen Körper zum Ausdruck. Das ist unsere Aufgabe, unsere Schönheit, all den Reichtum und die Liebe hier zu entfalten.
Sieh dich als ein Ganzes! Nicht nur einen Teil. Du bist die gesamten Bewusstseinsebenen, in einem vereint! Mache niemals den Fehler nur eine Sache im Fokus zu haben, z.B. nur deinen Körper, und deine große Schöpfungskraft deines Geistes zu vernachlässigen oder deine Seele. Oder nur nach deiner Seelenentwicklung zu schauen, aber dadurch dann nicht mehr richtig lebensfähig zu sein!

Nutze alles im Einklang, jetzt kannst du es, denn du weißt darüber Bescheid.

Du bist das WUNDERVOLLSTE und REICHSTE WESEN was es gibt.

Gott sei Dank konnte man mich nie von meinem Weg abringen, da ich diese angebliche Fantasiewelt wirklich sehe! Ich sehe die Energien, den unaufhörlichen Tanz der Energien. Meine Engel begleiten mich schon mein Leben lang und ich habe meine Gabe immer weiterentwickelt und Stück für Stück, Konzepte entwickelt, die Jeder anwenden kann.

Jeder von uns besitzt eine Vorstellungskraft und kann sie nutzen- denn jeder hat ein 3. Auge! Die Vorstellungskraft ist gekoppelt an das 3. Auge. Jeder hat es und kann es benutzen. Vielleicht musst du es wieder aktivieren, reinigen von den ganzen schrecklichen Schatten. Ja das kann sein, aber das tust du ja gerade.

Das 3. Auge ist für mich der Ausdruck unsere Seele, also wenn du deine Vorstellungs-/ Schöpfungskraft benutzt, dann bist du wohl deiner Seele am nächsten. Auf Seelenebene passiert alles aus dieser Schöpfungsfrequenz heraus. Es gibt keine Grenzen, die machen wir uns dann schon selbst!

Wenn du dein Ziel sehen kannst, dann ist es auch da für dich. Alles ist schon in Hülle und Fülle vorhanden, du brauchst nichts anderes zerstören oder jemand anderem wegnehmen, das ist unmöglich, denn die Substanz ist schon da.

Sobald du ein Bild siehst und du lässt es nicht mehr los, ist das Universum verpflichtet es zu erschaffen- durch dich! Wenn du weißt was du möchtest, schreibe es dir auch auf. Schreibe es dir auf und erzähle dir selbst was du siehst.

Hole dir dein Bild so oft du kannst, auf deiner Leinwand, vor dich und sage dir dabei, "Okay, ich weiß nicht wie, aber es ist die Wahrheit!"

Es ist egal ob andere an dich glauben, das Wichtigste ist, dass du an dich glaubst, es fühlst, riechst, schmeckst und erlebst!

Ich selber fordere mich immer wieder heraus mit Dingen, die außerhalb meiner aktuellen Reichweite liegen. Getraue dich groß zu träumen, und gib nie auf! Das ist nämlich der einzige Unterschied

zwischen erfolgreichen und nicht erfolgreichen Menschen. Ein erfolgreicher Mensch gibt nie auf.
Aber vermeide Neidenergien, Kleinmachen oder sogar das Ausgelacht werden von so manch einem Menschen. Lasse diese Energien niemals in deine Fantasie und somit dich verunsichern. NIEMALS!
Arbeite erst nur in deinem Inneren, in deiner Seele. Du mit dem Universum. Komme in Harmonie mit deiner Vorstellung, mit deinem Bild.
Einklang, Ausgleich, Frieden, Balance, Gleichgewicht und Harmonie sind die Energien die du brauchst, um deinen Wunsch, dein Ziel anzuziehen.
Deine Frequenz muss die Frequenz deines Traumes sein, dann ist es Wirklichkeit.
Du kannst nur etwas anziehen, mit dem du in Frieden bist. Das ist Energie, denn es geht um Energiefrequenzen, um Substanzen.
Damit verlässt du automatisch die alte Frequenz und begibst dich auf die neue Schwingung. Das passiert mit dem Einsetzen der Vorstellungskraft, deiner ganz eigenen Fantasie.
Mit deiner Fantasie, die dein größtes Werkzeug ist, kannst du in die hohen Schwingungsfrequenzen reisen, in andere Ebenen, ja sogar in andere Welten und an den Ort, wo alles entsteht!
Ich bin so tief dankbar, das ich all das sehen darf und somit ein Teil von diesem großen Ganzen, wundervollen Universum sein darf. Es erfüllt mich mit Dankbarkeit und Ehrfurcht, was für ein kraftvolles Wesen ich bin und was für ein kraftvoller Geist, DU bist!
Ist das nicht unglaublich?
Die Schöpfungskraft ist die wunderschönste, herrlichste, zauberhafteste und unglaublichste Kraft die es gibt. Fange direkt heute an sie zu nutzen. Erinnere dich an deine kindliche Leichtigkeit, deine Fantasie zu nutzen, ohne Einschränkungen, ohne Zweifel.
Wenn du eine Prinzessin gespielt hast, warst du es mit Haut und Haaren und deiner ganzen Energie. Warst du ein Pirat, dann auch mit Haut und Haaren und deinem ganzen Einsatz. Getraue dich wieder deine ganze Energie einzusetzen und zu träumen und dir was zu wünschen.

Da ist nichts Schlechtes dabei, ganz im Gegenteil! Ein Wunsch
entspringt aus unserer Seele. Für mich sind sie der Weg der
geistigen Welt, um uns mitzuteilen, "Bitte lass mich durch dich was
wundervolles erschaffen!"
Ist das nicht schön?
Die Wünsche sind der Ausdruck der göttlichen Substanz, die nur
Gutes für uns möchte!

Sage dir:
"Ich nutzte sie jetzt! Ich kann das und alles kommt zu mir."
"Jeden Tag staune ich über das was alles an Wunder entsteht in
meinem Leben!"
"Wunder folgen jetzt auf Wunder!"
"Ein Seelenwunder nach dem anderen entfaltet sich jetzt!"

Nutze deine Vorstellungskraft und mache das Unsichtbare sichtbar.
Das Träumen hat mich am Leben erhalten und mir ein Leben
erschafft, das es sich lohnt zu leben, obwohl ich wahrscheinlich den
schlechtesten Start hatte den man sich vorstellen kann.
Träume und nutzte diese wundervolle Substanz des Universums.
Lernt schon euren Kindern, das sie träumen dürfen, das sie Sehen
dürfen, erlaubt ihnen ihre Wünsche, zu erleben, was immer sie
erreichen wollen! Das sie auf ihre Seele hören und das zum
Vorschein bringen, was sie in sich trägt für dieses Leben.

Um zu manifestieren gibt es 3 Anhaltspunkte:

Die Intention: das ist es was wir uns wünschen, was wir zum Ausdruck bringen wollen! Ich höre auf mich!

Die Bestimmung: was unsere Seele sich wünscht, was sie durch uns zum Ausdruck bringen möchte!

Soziale Umfeld- die Energie die uns umgibt: ist die Energie, die uns umgibt, wirklich für uns oder gegen uns?
Diese können wir gegebenenfalls, jederzeit wechseln! Jederzeit verändern. Denn manchmal ist das nötig. Ich bin von meiner Familie weg gegangen, weil es destruktiv war. Man darf verändern, wechseln oder gehen, wenn nichts und niemand für dich ist.

Hier ist nun eine Anleitung, wie du die goldene Leinwand nutzen kannst, um deine Wünsche und Träume zu manifestieren:

Manifestation mit der Goldenen Leinwand

1. Vorbereitung auf die Manifestation:
- Finde einen ruhigen, ungestörten Platz und setz dich bequem hin. Atme tief ein und aus, um dich geistig und emotional zu zentrieren. Finde deine Mitte und spüre den versorgenden, goldenen Lichtstrahl von Mutter Erde und vom Universum. Du bist ganz eingehüllt.

2. Die Layout Ebene betreten:
- Stelle dir vor, dass du dich in einer stillen, klaren Sphäre der Möglichkeiten befindest—der Layout Ebene. Hier ist der Raum der reinen Schöpfung, offen und bereit, deine Visionen zu empfangen. Spüre die unendliche Liebe für dich. Du bist willkommen.

3. Die goldene Leinwand entstehen lassen:
- Visualisiere eine große, leuchtende Leinwand aus goldenem Licht vor dir. Sie schimmert und strahlt, bereit, deine höchsten Absichten, Träume und Visionen aufzunehmen.

4. Manifestation auf die Leinwand projizieren:
- Konzentriere dich auf das, was du manifestieren möchtest. Sei es Gesundheit, Liebe, Wohlstand oder Erfüllung—male diese Vision mit lebendigen Bildern, Emotionen und klaren Gedanken auf die goldene Leinwand. Sei dabei so genau und detailliert wie möglich. Entweder als Bild oder als Film. Fülle alles mit deinen Emotionen aus- freue dich darüber und fühle schon das Ergebnis.

5. Die Leinwand durch alle Ebenen senden:

- Sieh, wie die goldene Leinwand von der Layout Ebene durch alle Bewusstseinsebenen hinabstrahlt, jeden Aspekt deines Seins erreicht und sich fest in der realen Welt manifestiert. Fühle die Energie dieser Vision, wie sie sich in deinem Leben verwirklicht und die Leinwand immer strahlender und lebendiger wird.

6. Die Kraft der Leinwand aktivieren:

- Erlaube der goldenen Leinwand, ihre Strahlen auszusenden, die in alle Richtungen wirken, synchronistische Events und Gelegenheiten herbeizuführen, die zur Erfüllung deiner Wünsche beitragen.

7. Dankbarkeit zeigen:

- Drücke Dankbarkeit für die Manifestation aus, als sei sie bereits geschehen. Spüre die Freude und den Frieden, die aus dieser Verwirklichung fließen.

8. Integration und Vertrauen:

- Kehre in die Gegenwart zurück, öffne sanft deine Augen und vertraue darauf, dass deine Absichten vom Universum gehört wurden und sich auf die beste Weise manifestieren werden.

Diese kraftvolle Praxis der Manifestation hilft dir, fokussiert und klar in deinen Zielen zu bleiben, während du das Universum einlädst, dich bei der Verwirklichung deiner Träume zu unterstützen. Übe dies regelmäßig, um ein erfülltes und authentisches Leben zu gestalten.

Das Aufrufen der göttlichen Ordnung, der göttlichen Gerechtigkeit und göttlichen Wiedergutmachung

Das Aufrufen der Göttlichen Ordnung, der Göttlichen Gerechtigkeit und der Göttlichen Wiedergutmachung ist ein kraftvoller Akt, der uns dabei unterstützt, Gleichgewicht, Harmonie und Heilung in unser Leben zu bringen. Diese Konzepte sind universelle Prinzipien, die tief in vielen spirituellen Traditionen verwurzelt sind und uns dabei helfen können, innere und äußere Ausgeglichenheit zu finden. Das ist eine Energie, die du durch Bitten wieder herstellen kannst.

Die Bedeutung der Göttlichen Ordnung, Gerechtigkeit und Wiedergutmachung:

1. **Göttliche Ordnung:**

   - Die Göttliche Ordnung erinnert uns daran, dass es einen höheren Plan und eine kohärente Struktur im Universum gibt. Sie lädt uns ein, Vertrauen in den natürlichen Verlauf der Dinge zu haben und in Übereinstimmung mit dem Fluss des Lebens zu handeln.

2. **Göttliche Gerechtigkeit:**

   - Göttliche Gerechtigkeit bedeutet, dass wahres Gleichgewicht und Fairness in allem herrschen, auch wenn es nicht immer sofort sichtbar ist. Sie verspricht, dass jedem Wesen die wahre Ernte seiner Handlungen zuteil wird, fördert Vergebung und das Loslassen von Groll.

3. **Göttliche Wiedergutmachung:**

   ° Diese steht für Heilung und die Wiederherstellung von Liebe und Harmonie. Es ist das Versprechen, dass alles, was aus dem Gleichgewicht geraten ist, schlussendlich seinen rechten Platz finden wird. Alles was zu dir gehört, kommt auch zu dir!

Aktivierung mit Christus und Krishna:

Vorbereitung:

1. **Ruhiger Moment der Einkehr:** Suche einen stillen Ort auf, an dem du dich konzentrieren und in die Meditation gehen kannst. Finde deine Mitte und spüre den versorgenden, goldenen Lichtstrahl von Mutter Erde und vom Universum. Du bist ganz eingehüllt.
2. **Setze deine Absicht:** Stimme dich darauf ein, die göttliche Präsenz um Unterstützung und Führung zu bitten.

Die Übung:

1. **Bitte um Unterstützung von Christus:**

   ° Stelle dir Christus vor, wie er vor dir steht, strahlend in göttlichem Licht, bereit, dich mit seiner grenzenlosen Liebe und Weisheit zu unterstützen. Bitte ihn, dir zu helfen, die Göttliche Ordnung in deinem Leben wiederzuerlangen—um die Stille zu finden, die dir zeigt, dass alles seinen Sinn hat. Lass sein Licht dein Herz in Verständnis und Akzeptanz öffnen und vertraue ihm, das er alles in deinem Leben wieder in die göttliche Ordnung bringt.

2. **Rufe Krishna an:**

- ○ Visualisiere Krishna in seinen vielen Farben und Formen, erfüllt von Freude und göttlicher Weisheit. Bitte um seine Hilfe, um Göttliche Gerechtigkeit zu erfahren und zu erkennen, dass alles, was geschieht, Teil eines größeren Plans und Prozesses ist. Erlaube seiner Musik und Spielfreude, dein Herz mit Frieden und Gleichgewicht zu erfüllen und vertraue ihm, das er dein ganzes Leben wieder mit göttlicher Gerechtigkeit erfüllt.

3. **Aktiviere Göttliche Wiedergutmachung:**

- ○ Mit Christus und Krishna an deiner Seite, bitte sie, die Energie der Göttlichen Wiedergutmachung einzuleiten, die alles Unvollkommene in deinem Leben heilt. Sieh, wie ihr gemeinsames Licht alle Wunden pflegt, Hoffnung schenkt und Harmonie zurückbringt. Sage dir: "Ich glaube an die göttliche Wiedergutmachung. Das Gute, das den Schattenkreationen zum Opfer gefallen ist, wird jetzt wiederhergestellt und bringt nur Gutes in mein Leben!"

Integration:
- **Dankbarkeit:** Drücke deine tiefe Dankbarkeit für die Unterstützung und die Aktivierung dieser göttlichen Prinzipien aus.
- **Rückkehr in den Alltag:** Erlaube den Energien, in dir zu wirken, während du sanft in die bewusste Wachheit zurückkehrst und die beruhigende Kraft dieser Erfahrung in deinen Alltag integrierst.

Diese Praxis kann dir helfen, tiefen Frieden und Vertrauen zu finden, indem du dich von der Göttlichen Ordnung, der Gerechtigkeit und der göttlichen Wiedergutmachung leiten lässt, während du dein Leben mit offenem Herzen gestaltest.
Du kannst eben durch einen positiven Bewusstseinszustand alles verändern!

Deine goldene Zeitlinie

Die Vorstellung von Zeitlinien öffnet eine faszinierende Perspektive
auf das Verständnis unserer Existenz und unserer Möglichkeiten.
Zeitlinien sind konzeptionelle Bahnen, die verschiedene potenzielle
Zukünfte repräsentieren, die sich basierend auf unseren
Entscheidungen, Gedanken und Handlungen entfalten können. Jede
Entscheidung, die wir treffen, verstärkt eine bestimmte Zeitlinie und
lenkt unser Leben in eine spezifische Richtung.

Zeitlinien: Wege des Potenzials

Zeitlinien stellen die unendlichen Möglichkeiten dar, die vor uns
liegen. Sie sind die Bahnen, die durch unsere bewussten und
unbewussten Entscheidungen geformt werden. Von jedem Punkt in
unserem Leben aus können wir uns verschiedenen Zukünften
zuwenden, die jeweils einzigartige Erfahrungen und Lerneinheiten
bieten.

Die Seelenlinie: Der höchste Seelenplan

Unter diesen unzähligen Zeitlinien gibt es eine besondere, die als die
goldene Zeitlinie oder Seelenlinie bekannt ist. Diese Zeitlinie
repräsentiert unseren höchsten Seelenplan, die vollkommene
Entfaltung dessen, wer wir wirklich sind. Es ist der Weg des größten
Potenzials und der tiefsten Erfüllung, in Einklang mit dem Kern
unserer spirituellen Bestimmung.
Die Seelenlinie ist der Pfad, der uns zu unserer besten Version
führt—ein Leben, das voller Liebe, Freude und authentischem
Ausdruck ist. Sie enthält die Absichten und Bestrebungen, die wir auf
Seelenebene gewählt haben, um ein bedeutungsvolles und erfülltes
Leben zu führen.

Aktivierung der Seelenlinie mit dem Höheren Selbst

Um in Harmonie mit deiner Seelenlinie zu leben, kannst du diese Verbindung durch dein Höheres Selbst aktivieren. Das Höhere Selbst- Higher Mind ist der weise Teil deiner Seele, der die größere Perspektive kennt und dich liebevoll leitet.

Aktivierungsübung:

1. **Finde einen stillen Ort:** Setze dich in Ruhe, schließe die Augen und entspanne deinen Körper. Atme tief ein und aus, um deinen Geist zu klären. Finde deine Mitte und spüre den versorgenden, goldenen Lichtstrahl von Mutter Erde und vom Universum. Du bist ganz eingehüllt.

2. **Rufe dein Higher Mind- dein Höheres Selbst:** Stelle dir vor, wie ein warmes, goldenes Licht von oben auf dich herabströmt und dich vollständig umgibt. Dieses Licht ist die Essenz deines Höheren Selbst, das dich stets begleitet.

3. **Verbinde dich mit deiner Seelenlinie:** Visualisiere deine goldene Zeitlinie vor dir, die sich unter dir in die Zukunft erstreckt. Diese Linie repräsentiert den Weg deines höchsten Seelenplans. Du stehst drauf und fängst an ein paar Schritte zu gehen. Mit jedem Schritt manifestierst du dein Höheres Selbst und deine Entscheidung, das du deinen goldenen Seelenweg beschreitest. Spüre die Energie dieser Linie, ihre Klarheit, Liebe und Erfüllung.

4. **Setze die Absicht:** Bitte dein Höheres Selbst um Führung, um Entscheidungen zu treffen, die dich entlang dieser goldenen Zeitlinie halten. Vertraue darauf, dass jede Wahl, die diese Verbindung stärkt, dich zu deinem höchsten Wohle führt.

5. **Empfange Weisheit:** Verweile in diesem Zustand der Verbindung und frage dein Höheres Selbst nach Botschaften oder Einsichten, die dich vereint halten mit deiner Seelenlinie. Vertraue den Antworten, die du empfängst.

6. **Rückkehr:** Kehre mit ein paar tiefen Atemzügen und kleinen Bewegungen in das Hier und Jetzt zurück, dich darauf besinnend, dass du immer mit deinem höchsten Weg verbunden bist.

Indem du regelmäßig diese Verbindung praktizierst, stärkst du deine Ausrichtung auf die Seelenlinie und ermöglichst es dir, das Leben in seiner vollsten und freudigsten Form zu erleben.

Die 12 Seelenebenen

Du bist die schönste Seele, das schönste Wesen, eigentlich in Worte kaum zu fassen.
Schauen wir uns mal an was in Wikipedia steht:
Seele= Gesamtheit aller Gefühlsregungen und geistigen Vorgänge beim Menschen.
Das ist alles?
Nein natürlich nicht.
Erstmal betrachten wir die 3 unterschiedlichen Perspektiven:

1- Die spirituelle/religiöse Perspektive:

In den meisten spirituellen und religiösen Traditionen wurde die Seele als der im Menschen unsterbliche, nicht materialisierte Teil geachtet. Oder als das Bewusstsein eines Menschen bezeichnet, als der Kern eines Menschen, getrennt vom Körper.
Die Seele steht hierbei im Zusammenhang mit dem Unterbewusstsein, der wahren Identität und der Kapazität spirituell zu wachsen.

2- Die philosophische Perspektive:

Vom philosophischen Standpunkt her führt dieses Konzept der Seele zu der Tiefe in uns, die Essenz, die dem Menschen die Einzigartigkeit verleiht. Hier geht man davon aus, das die Seele der Sitz der Emotionen ist, der Gedanken und der persönlichen Erfahrungen. Philosophische Diskussionen gehen meistens um die Frage der Existenz, die Verbindung zwischen Körper und Mind und das unsterbliche Potential in den Menschen.

3- Metaphorische Perspektive:

In dieser Perspektive wird die Seele sowohl als der tiefste Aspekt des menschlichen Charakters erklärt, als auch aller Emotionen und der in den Menschen lebenden Kreativität. Sie glauben, das es die Essenz ist, die einen Menschen ausmachen, deine Werte, Passion und Wünsche.

Die Seele hat denke ich schon immer die Menschheit interessiert und vor allem fasziniert. Nichts ist wohl so unentdeckt wie die Seele. Für mich ist die Seele auf jeden Fall der Kern unseres Daseins. Der Seelenkern, der in Gott ruht. Du bist die Seele, in all deinen Facetten. Mit ihr sind wir automatisch mit dem Universum, der höheren Kraft, der Überseele, der intelligenten Substanz und dem kollektiven Bewusstsein verbunden sind. Sie ist unsterblich, unzerstörbar und fähig in alle Zeiten, Raum, Dimensionen, Universen und Ebenen zu reisen. Ich würde es nicht sagen, wenn ich es nicht wüsste. Ich sehe die Seelen und ich habe die Ehre mit ihnen zu kommunizieren, wenn es nötig ist. Es gibt nichts Schöneres, denn sie sind der Ausdruck purer Liebe, Mitgefühl, Respekt, Empathie, Verständnis, Dankbarkeit, Anmut, Freude und Frieden. Du bist in Wahrheit niemals alleine- niemals. Der Segen der Seelen rieselt täglich auf uns, ob wir ihn annehmen können oder nicht, spielt keine Rolle. Jeden Tag segnen sie uns. Deine Seele wieder zu entdecken, zu erwecken und die Schönheit zu entfalten kann eine lebenslange Reise sein, aber eine wunderschöne, denn auf dem Weg heilst du auch deine Seelenlinie, deine Seelenanteile finden zu dir zurück und dein Seelenplan entfaltet sich vor dir. Die Seele bist du, du bist ein Teil des göttlichen Großen und Ganzen, du bist die göttliche Substanz. Stell dir ein riesiges Meer vor, das ist Gott, die Quelle von allem. Die Seele ist wie ein Tautropfen, der sich vom Großen abgesondert hat aber trotzdem noch darin ist. Alles was Gott ist, bist du auch. Daher kommt die Aussage, das Ebenbild Gottes!

Das was du hinnimmst bekommst du auch.
Du bekommst das was du tolerierst!
So einfach ist das mit der Energie, die Energieform, den Energielevel den du zulässt, den du tolerierst, den wirst du in deinem Leben haben. Gibst du dich mit den Schattenebenen zufrieden, dann wird dort alles dich begleiten. Da sind wir wieder bei den Bewusstseinsebenen, die übereinander liegen. Erst wenn du etwas nicht mehr tolerierst, wächst du heraus und bewegst dich nach oben.

Die Seele ist das zauberhafteste Licht was ich jemals gesehen habe, pures goldenes Licht. Im Inneren liegt ein weißer Kern der umgeben wird von diesem puren goldenen Licht und im außen gibt es einen rosanen Rand.
Wenn wir uns auf die Seelenebene begeben dann erlebst du hier die 12 Ebenen, die um die Seele herum liegen.
Es sind die 12 Anteile der Seele, die uns schützen, die Seele schützen.

1) Seelenwürde- Wert
2) Seelenfreude- Leichtigkeit
3) Seelenliebe- Segen
4) Seelenentwicklung- Wachstum
5) Seelenintuition- Weisheit
6) Seelenanmut- Sanftmut
7) Seelendemut- Dankbarkeit
8) Seelenfrieden- Vertrauen
9) Seelengerechtigkeit- Wahrheit
10) Seelentreue- Verbundenheit
11) Seelenreichtum- Fülle
12) Seelenschutz- Sicherheit/ Mut

Das alles ist unser Geburtsrecht.
Jeder einzelne, hier aufgeführte Wert ist DEIN Geburtsrecht.
Das bist du, das besitzt du schon in dir. Alles ist vorhanden und muss eigentlich nur freigelegt werden. Denn als Energie ist es schon da!

DIE SEELENWÜRDE

Die Ebene der Seelenwürde ist die, direkt um die Seele herum. Sie liegt also am nächsten an der Seele. Empfindest du Selbstwert, gehst wertvoll mit dir und mit jedem anderen Lebewesen um, stärkst du diese Seelenebene.

Es sollte uns eigentlich am nächsten sein- der Selbstwert und die
Würde. Da dies die innerste Seelenebene ist, siehst du, dass es dein
Geburtsrecht ist!
Ich bin die Würde.
Ich bin das wertvollste Wesen was es gibt.
Hierbei kann dir die göttliche Mutter helfen und Dana.

Kleines Gebet:
Meine liebste Göttliche Mutter und liebste Göttin Dana, bitte aktiviert
mir wieder meine von Gottgegebene Seelenwürde und meinen Wert.
Ich trage sie in mir und mit jedem Atemzug wird diese Energie in mir
erblühen.
Vielen Dank!

DIE SEELENFREUDE

Das ist die zweite Ebene und hier sieht man wie wichtig die Freude
und Leichtigkeit sind. Sie sind die Grundenergie des Universums.
Wenn du also spirituell wächst, muss deine Freude und Leichtigkeit
mitwachsen. Wenn das nicht der Fall ist, dann stimmt was nicht.
Das ist also immer ein guter Anhaltspunkt, ob du auf dem richtigen
Weg bist!
Freude und Leichtigkeit sind unumgänglich.
Ich bin die Freude.
Mein Wesen ist erfüllt von Leichtigkeit.
Hierbei kann dir Kuthumi und Lakshmi empfehlen.

Kleines Gebet:
Meine zauberhafte Lakshmi und mein freudvoller Kuthumi, bitte
bringt jetzt meine innere Freude und meine Leichtigkeit zum strahlen.
Ich weiß das ich ein freudvolles, lebendiges, lachendes Wesen bin
und danke euch für eure Hilfe, dies zu leben und zu sein!
Vielen Dank!

DIE SEELENLIEBE

Die Seelenliebe ist die zauberhafte dritte Ebene! Wer Liebe in sich
hat und diese lebt und teilt, der ist gesegnet im Leben. Liebe ist
Segen. Das Herz voller Liebe ist der größte Reichtum den es gibt.
Die Seele ist Liebe, das Universum ist voll davon, das ist die Energie
aus der wir gemacht sind!
LIEBE ist ALLES und ALLES ist LIEBE.
Ich bin die Liebe.
Ich bin liebevoll und liebenswert.
Hierbei kann dir Mutter Maria und Lady Nada helfen.

Kleines Gebet:
Meine liebevollsten und segensreichsten zwei Engelwesen, Mutter
Maria und Lady Nada, bitte helft mir die Liebe wieder vollkommen zu
spüren, sie anzunehmen und zu geben. Ich bin ein Segen für diese
Welt!
Vielen Dank!

DIE SEELENENTWICKLUNG

Die wundervolle Energie der Seelenentwicklung, die ganze Substanz
des Universums strebt unaufhörlich nach Weiterentwicklung und
Wachstum. Es ist ein ganz natürliches Bestreben zu wachsen und
sich zu verbessern.
Es gibt niemals einen Stillstand, es gibt immer Wachstum. Immer!
Stell dich niemals dagegen, geh mit, genieße es in jedem Alter dich
weiterzuentwickeln und zu wachsen!
Nutze diese natürliche Kraft dieser vierten Seelenebene und
entwickelt dich zu deinem besten Sein!
Erwachse zu einer der schönsten Seelen, die ihren Zauber um die
Welt legen.
Ich bin die Substanz der ewigen Weiterentwicklung!
Ich liebe es zu wachsen!

Hierbei können dir Erzengel Raziel und Melchizedek wunderbar
helfen.

Kleines Gebet:
Mein geliebter Erzengel Raziel und absolut wundervoller
Melchizedek, ich bitte euch voller Liebe, segnet mich mit ewiger
Weiterentwicklung und Wachstum, bis ich meine Seele ganz befreit
habe und wieder ganz verbunden bin mit der grenzenlosen göttlichen
Liebe.
Ich bin euch so dankbar für eure Unterstützung!
Vielen Dank!

DIE SEELENINTUITION

Oh wie wichtig ist unsere Intuition, unser eigenes Gefühl, die direkte
Verbindung zu der göttlichen Angebundenheit- die uns lenkt und
leitet.
Ich liebe diese fünfte Seelenebene, denn sie erweckt die Weisheit in
uns, die das göttliche Wissen widerspiegelt und dich mit einer
inneren Ruhe, klare Entscheidungen treffen lässt!
Und Weisheit bedeutet im Einklang mit den göttlichen Gesetzen zu
leben.
Also im Einklang mit:
Schwingung- alles bewegt sich
andauernde Umwandlung-alles bewegt sich in eine Form
Relativität- Alles ist relativ
Polarität- Alles hat einen Gegenpol
Rhythmus- alles bewegt sich in einem Rhythmus
Ursache und Wirkung- jede Ursache hat einen Effekt und jeder Effekt
hat eine Ursache
Wachstum- alles hat seine Zeit zum Heranreifen

Wenn du mit diesen Gesetzen im Einklang lebst, dann kannst du
deine Intuition komplett nutzen.
Ich bin tief verbunden mit der göttlichen Weisheit.

Ich bin die Intuition in meinem Leben.
Hierbei können dir wunderbar Yogananda und Babaji helfen.

Kleines Gebet:
Mein gesegneter, geliebter Meister Yogananda und ehrfurchtsvoller
Babaji, ich liebe euch sehr und danke euch das ihr mir diese fünfte
Ebene erlöst und mir helft meine Seelenintuition und meine Weisheit
voll zu entwickeln.
Vielen Dank!

DIE SEELENANMUT

Diese sechste Seelenebene ist zauberhaft. Stelle dir vor jeder
Mensch hätte dies Ebene ganz frei und würde jeden Tag diese
göttliche Anmut leben! Es gäbe keine Machtkämpfe mehr, oder
geschweige denn Konkurrenzenergie.
Also lass uns ganz schnell diese Ebene erwecken und Demut und
Sanftmut auf dieser Erde verbreiten!
Diese Ebene beinhaltet, wie du vielleicht vermutet hast auch den Mut
in sich.
Anmut ist eine der schönsten Werte die es zu geben scheint in
diesem Universum. Anmut ist ein Ausdruck der Würde und innerer
Schönheit, und gibt dir den Mut das zu sein was du wirklich bist.
Spürst du diese Schönheit, die aus diesen beiden Energien
entspringt- Anmut und Sanftmut und wieviel Mut sie erzeugen? Es
verändert augenblicklich die Energiestruktur!
Würde, Liebe, Schönheit, Mitgefühl, Empathie und Mut nehmen den
Platz in deinem Herzen ein!
Auf englisch heißt Anmut - Grace! Ich liebe dieses Wort.
Ich bin Grace!
Während sich göttlicher Anmut und Sanftmut entfalten, stärke ich
meine sechste Seelenebene!
Ich entfalte jetzt neuen Mut in mir!
Hierbei können dir Mataji und die göttliche Mutter wunderbar helfen.

Kleines Gebet:
Ich verneige mich vor euch beiden, Mataji und göttliche Mutter, voller
Seelenanmut und Sanftmut. Ihr gebt mir den Segen diese Werte,
Anmut und Sanftmut in meinem Herzen erblühen zu lassen.
Vielen Dank das ihr mir eure süße Liebe schenkt und mich
vollkommen berührt mit eurem Anmut, Sanftmut, Würde, Liebe,
Mitgefühl und Empathie.
Vielen Dank!

DIE SEELENDEMUT

Das ist wahrscheinlich die Ebene, die missverstanden werden kann,
und auch häufig wird. Warum?
Weil Demut falsch verstanden wird. Demut bedeutet nicht
unterwürfig und jeder Selbstmacht enteignet worden zu sein.
Demut bedeutet die tiefe Liebe und Dankbarkeit für die
Schöpfungskraft, so dass sie sich durch denjenigen komplett
ausdrücken kann.
Ist das nicht zauberhaft?
Diese siebte Seelenebene ist also erfüllt von Demut und
Dankbarkeit. Wie du sicherlich weißt, sage ich immer das
Dankbarkeit die schönste, goldene Energie in diesem Universum ist.
Dankbarkeit brauchen wir um zu kreieren, zu erschaffen, denn nur in
der Dankbarkeit beginnt die göttliche Substanz für uns zu arbeiten.
Ich lebe in tiefer Demut zur göttlichen Schöpfungskraft.
Voller Dankbarkeit bin ich erfüllt und umgeben mit goldener Energie.
Hierbei können dir Christus und Krishna helfen.

Kleines Gebet:
Liebster Christus und Krishna, wie dankbar bin ich euch, das ihr jetzt
an meiner Seite seid. In tiefer, ehrlicher Demut verneige ich mich vor
euch und spüre eure Liebe und euren Segen um mich.
Ich nutze die Schöpfungskraft des Universums zum Wohle aller, für
alle und zum Besten.
Vielen herzlichen Dank, das es euch gibt!

DER SEELENFRIEDEN

Die achte Seelenebene repräsentiert den Seelenfrieden. Der Frieden
der alles erfüllt, im frieden existieren nur Licht, Liebe, Freude und
Vertrauen.
Wer sich im Frieden befinden, besitzt Vertrauen. Ein göttliches
Vertrauen.
Im Frieden und im Vertrauen kann man wachsen, du wirst dich auch
nie wieder im Mangel befinden oder im Kampf.
Wenn du diese zauberhafte Ebene freisetzt dann geht der Frieden
und das Vertrauen in dein gesamtes Leben über.
Wären alle Menschen auf dieser Seelenebene befreit, dann wäre
Frieden auf dieser Erde.
Wir würden einander auch wieder vertrauen und füreinander da sein.
Ich bin der Frieden.
Ich bin der Frieden in meinem Leben, in meinem Körper, in meiner
Arbeit, in meinen Beziehungen,….
Ich liebe und lebe Frieden und bringe Vertrauen.
Hierbei können dir Paravati und Ganesh helfen. Wundervolle Mutter
und Sohn, Paravati steht für den Frieden und Ganesh für das
Vertrauen- ist das nicht wunderschön?
Und jetzt lass dich von ihnen beiden erfüllen.

Kleines Gebet:
Liebste, wunderschöne Paravati und du kraftvoller, entzückender
Ganesh. Bitte seid an meiner Seite und helft mit inneren Frieden zu
entwickeln, der in alles Bereiche meines Lebens hinein fließt.
Seelenfrieden und das tiefe Vertrauen sind ab heute ein fester
Bestandteil meines Lebens.
Ich bin euch so dankbar für eure unbegrenzte Liebe und Hilfe!
Herzlichen Dank euch beiden.

DIE SEELENGERECHTIGKEIT

Und nun die wunderbare neunte Seelenebene! In ihr verbirgt sich die kraftvolle Energie der Gerechtigkeit. Die Seelengerechtigkeit beinhaltet die auch die göttliche Ordnung. Eigentlich logisch, denn wenn die göttliche Gerechtigkeit wiederhergestellt wird, dann tritt automatisch die göttliche Ordnung ein. Wenn also die göttliche Ordnung, die Seelenordnung in deinem Leben hergestellt wird, dann tritt ein dritter Wert ein, und zwar die göttliche Wiedergutmachung!
Ja, diese Ebene hat drei Werte- Gerechtigkeit, Ortung und Wiedergutmachung.
Ich kann dir sagen und wahrscheinlich spürst du es auch schon, das hat Power- oh ja- eine unglaubliche Kraft setzt sich hier frei.
Lass immer die göttliche Gerechtigkeit in dir wirken, denn dadurch rufst du in allen Bereichen deines Lebens die göttliche Ordnung auf, ihr bestes für dich zutun.
Das aller Schönste dabei ist, das du damit die Wiedergutmachung wirken lässt, was bedeutet, das egal was auch passiert ist, egal wann die Seelengerechtigkeit und dadurch die göttliche Ordnung ins Ungleichgewicht geraten sind, ganz egal ob du es verursacht hast oder durch Fremdeinfluss, es wird wiederhergestellt und dadurch tritt die Wiedergutmachung in Kraft.
Alles was für dich bestimmt war und ist, kommt zu dir. Es geht niemals verloren und was dir gehört findet dich.
Ich das nicht wunderbar?
Ich liebe dies Ebene!
Ich lade dich ein sie zu aktivieren, zu heilen und aufzuladen!
Göttliche Gerechtigkeit tritt jetzt in Kraft in meinem Leben.
Die aufgerufene göttliche Ordnung bringt Frieden in mich und mein Leben.
Ich glaube an die göttliche Wiedergutmachung.
Maat und Kali sind hierfür die perfekte Kombination und ich kann dir versprechen, das du diese Hilfe spüren wirst!

Kleines Gebet:
Meine geliebte Maat und Kali, ihr seid so kraftvoll, so klar und der
Ausdruck für Gerechtigkeit, Ordnung und Wiedergutmachung.
Ich weiß das mit eurer Hilfe diese drei Werte wieder in Kraft treten
und vor allem die göttliche Wiedergutmachung. Das Gute das dem
Negativen zum Opfer gefallen ist, wird jetzt augenblicklich
wiederhergestellt!
Das ewige Gesetz der Gerechtigkeit und der Ordnung tut jetzt sein
vollkommenes Werk. Vielen Dank!

DIE SEELENTREUE

Die Seelenebene zehn ist erfüllt von der Treue. Spüre nur mal kurz
nach, was Seelentreue für eine Energie der Entspannung erzeugt.
Treue, bedeutet Beständigkeit, bedeutet Zuverlässigkeit und vor
allem Verbundenheit!
Du spürst es sicher schon, das sind Werte die es im Moment nicht
mehr sehr oft gibt auf dieser Welt. Alles scheint unbeständig und
unzuverlässig. Sich verbunden fühlen, dadurch total geliebt,
angenommen und wertgeschätzt - komplett verloren.
Du kannst dir sicher vorstellen, das diese Ebene bei den meisten
Menschen völlig in den Mangel gerutscht ist. Auch bei dir?
Atme mal kurz durch und überprüfe dich selbst.
Seelentreue- fühlst du sie, diese zauberhafte Energie, die in der
Kombination steht mit tiefer Verbundenheit.
Verbundenheit zu sich selbst, zu allen Lebewesen, zum Universum,
allen Seelen, Engelwesen und Gott.
Spürst du die absolute Zuverlässigkeit und Beständigkeit die sich
ausbreiten und dein ganzes System erfüllen und vor allem stärken.
Die Menschen wären im absoluten Frieden mit sich selbst, wenn bei
allen diese Ebene wieder aktiviert wäre und somit die ganze Welt.
Lass sie uns wieder herstellen, ausgleichen und heilen.
Tiefe Verbundenheit, Zuverlässigkeit und Beständigkeit vermehren
sich jetzt in mir.
Seelentreue erfüllt mein Wesen.

Ich wertschätze mich und kann mich auf alles Gute verlassen.
Erzengel Raquel und Erzengel Haniel sind der Inbegriff der Treue,
sie werden dir bei dieser Seelenebene helfen.

Kleines Gebet:
Mein geliebter Erzengel Raquel und zauberhafter Erzengel Haniel.
Vielen Dank das ihr jetzt an meiner Seite seid und meine zehnte
Seelenebene ausgleicht.
Ich spüre jetzt, wie ihr die Seelentreue und die damit verknüpfte
Verbundenheit und Liebe vollkommen herstellt.
Mit dieser Wiederherstellung entfalten sich wie von selbst in mir
Wertschätzung, Stärke, Beständigkeit und Zuverlässigkeit.
Ich danke euch so sehr, so sehr das ihr mir helft und ich die
Verbundenheit zu allen Lebewesen spüre.
Vielen Dank.

SEELENREICHTUM

Das ist die elfte Ebene und hier trittst du in die Fülle ein. Die Fülle
und der Reichtum der Seele, die den Reichtum und die Fülle des
Universums widerspiegeln. Alles ist reich bestückt, alles ist erfüllt,
alles strebt nach Wachstum, alles ist voller goldener Energie, alles ist
Energie!
Dort oben, als auch unten auf der Erde. Jeder Ton ist Energie, jedes
Wort, jedes Essen, jedes Kleidungsstück, jeder Geldschein, jeder
Gedanke, einfach alles. Und jetzt tauche es alles in den Reichtum, in
die Fülle, dann würdest du dein Seelenweg gehen und ihn zum
besten ausschöpfen. Sie die Erde nicht als was abgetrenntes, sie ist
Energie- ALLES. Also kannst du alles freisetzten, wie oben so unten,
wie unten so oben.
Das ist es, das muss dir ganz klar werden, dann kannst du deinen
Schlüssel zum Glück benutzen.
Dabei können dir super gut Lakshmi und Abundantia helfen und
diesen Energiefluss in dein Leben bringen.

Kleines Gebet:
Meine geliebte Lakshmi und Abundantia, tausend Dank für eure Hilfe
und Aktivierung meines Reichtums und Fülle. Mit eurer Hilfe verlasse
ich jeden Mangelzustand und alles in mir und um mich herum
erstrahlt in eurer glitzernder, magischen Reichtumsenergie, weil ich
weiß, dass alles Energie ist und ich mich hier und heute entscheide,
nur noch positives zu nähren, zu kultivieren und zu leben.
Mit dieser Wiederherstellung entfaltet sich alle positive
Wohlstandsenergie und alle Türen und Tore öffnen sich und endlose
Fülle des Universum fließen leicht zu mir!
Vielen Dank!

SEELENSCHUTZ

Die wunderschöne Ebene des Seelenschutzes, diese Ebene
beinhaltet auch die Sicherheit und vor allem den Mut. Wie viele
Menschen fühlen sich unsicher- klar bei dieser Menge an
Schattenkreationen, die in den letzten Jahren entstanden sind. So
viele Menschen haben den Mut verloren, aber du weißt jetzt das die
Sicherheit in erster Linie aus dir heraus entsteht, aus deinem
Wissen, das du so sehr geliebt bist, das alles zum bestmöglichen
vorbereitet wurde, du unterstützt bist, das Du DICH so sehr liebst,
dass du alles schon geplant hast, dir selber alles Gute zur Verfügung
gestellt hast und du das Beste und Schönste bist was es gibt,
verbunden mit deinem Higher Mind, deiner Seele und deinem
Überherz und deinem göttlichen Kern- der Überseele, die eingebettet
in Gott, sicher und geschützt, dich non stopp versorgt!
Wow, das ermutigt doch total und was kann man da noch dazu
sagen..... einfach nur WOW!
Hierbei unterstützen dich gerne Erzengel Metatron und Apollo- zwei
feurige, sehr starke Engelwesen!

Kleines Gebet:
Lieber Erzengel Metatron du bist so stark und beschützend. Ich
weiß, das in dem Moment, wo ich dich rufe bist du bei mir wie eine

Naturgewalt und beschützt mich und gibst mir den Mut alles zu erreichen. Mit dir lieber Apollo zusammen, erschafft ihr mir ein wunderschönes Gefühl der Sicherheit. Dadurch das es auf der Seelenebene wieder hergestellt wird, erblüht es aus meinem Innersten heraus.
Nichts und Niemand kann mir das jemals wieder nehmen und ich weiß, ihr seid immer an meiner Seite. Vielen Dank!

Deine Seelenessenz

Fühle dich gesegnet. Du bist der Segen in deinem Leben, du bist der Segen im Leben der anderen. Du bist gesegnet und Segen erfüllt dich.
Die Seelenessenz, das unverwechselbare Licht in jedem von uns, verkörpert die tiefste Wahrheit und Reinheit unseres Wesens. Sie ist die Essenz, die unberührt von den äußeren Umständen bleibt und direkt aus der Quelle des Universums stammt. Diese Essenz ist das, was uns einzigartig macht, unser wahres Ich jenseits aller Masken und Rollen.

Was macht die Seelenessenz aus?

Unsere Seelenessenz ist ein unendlicher Schatz aus Liebe, Weisheit und Potenzial. Sie trägt die Erinnerungen und Erfahrungen nicht nur dieses Lebens, sondern aller Zeiten in sich und verbindet uns mit den höheren Wahrheiten des Daseins. Sie ist die Stimme der Intuition und der innere Kompass, der uns leitet, lehrt und tröstet. Es ist dein einzigartiger Fingerabdruck.

Die Strahlkraft der Seelenessenz

Wie ein strahlender Stern leuchtet unsere Seelenessenz durch das Universum. Sie zieht Gleiches an, verbindet uns mit anderen Seelen auf tiefster Ebene und webt ein Netz aus Licht, Liebe und Bewusstsein. Ihre Strahlkraft verleiht uns die Fähigkeit, Liebe und Heilung zu schenken, und inspiriert uns, in unserem täglichen Leben authentisch und mitfühlend zu sein.

Der Wert der Seelenessenz

Der Wert unserer Seelenessenz ist unermesslich und von unschätzbarem Wert. Sie ist das, was bleibt, wenn alles Vergängliche verschwindet, der ewige Funke, der unser Leben mit Bedeutung erfüllt. Durch ihre Ausdruckskraft erfahren wir Freude, Frieden und ein tiefes Gefühl der Verbundenheit mit allem, was ist.

In der Suche nach unserem wahren Selbst entdecken wir die kostbare Qualität unserer Seelenessenz – den Kern, aus dem alle Schönheit und Schöpfung hervorgehen. Indem wir uns mit dieser Essenz verbinden und sie in die Welt tragen, erfüllen wir unseren einzigartigen Platz im kosmischen Gefüge und bereichern das Universum mit unserem individuellen Licht.
Ermutige dich, hinzuhorchen, diesem heiligen Teil von dir Raum zu geben und die Symphonie der Seelenessenz in deinem Leben widerhallen zu lassen. Möge ihr Licht deinen Weg erhellen und dich in einem strahlenden Tanz des Lebens führen.

Affirmationen, die die Seele erwecken

Affirmationen sind ein wundervoller Weg oder vielmehr ein wunderbarer Begleiter für jeden Tag. Frage deine Seele immer grösser zu werden. Frage sie, ihre ganze Energie zu entfalten und eine große Rolle zu spielen in dieser Welt. Du bist die einzigartige Seele, es gibt dich nur einmal. Nur einmal.
Nur DU kannst DU sein und DICH dieser Welt schenken.
Träume groß, träume bunt, träume in Fülle!
Ich wünsche dir, dass du Magie verbreiten kannst, deine SEELENMAGIE!
Diese Affirmationen sind aus der Seelenebene und werden dir helfen deine Seelenmagie aus dir heraus zu entfalten.
Jedes Mal wenn du eine Affirmation sprichst, umarme in Gedanken deine Seele.
Viel Spaß und Freude beim Entfalten deiner Seelenmagie und mit jeder gesprochenen Affirmation lasse deine kraft mehr scheinen.
Komme wieder in das Sein der Seele. Jede Seele muss wieder sein dürfen wie sie wirklich ist und ihre Schönheit zeigen- damit erfüllt man seine wahre Lebensaufgabe, um deinen weltlichen Weg ganz leicht zu gehen, in Harmonie und Frieden!

Meine Seele darf SEIN.

Ich erwecke meine Seele, in den zauberhaftesten Farben.

Ich bin das WUNDERVOLLSTE und REICHSTE Wesen was es gibt.

Gott ist meine Stärke.

Ich bin Seele, zart und kraftvoll zugleich.

Ich bin die zauberhafte Seele.

Ich bin meine Seele und erlebe jetzt meine Seelenmagie.

Meine Seelenmagie entfaltet sich und sie verbreitet sich wie von selbst.

Ich träume groß, ich träume bunt und manifestiere dies durch meinen Körper in dieser Welt.

Meine Seele ist meine Kraftquelle, daher bin ich immer voller Energie.

Mein Seelenlicht strahlt als pure Liebe in diese Welt.

In meiner Welt ist Frieden.

In meiner Welt ist Freude.

In meiner Welt ist Liebe.

Ich bin reinstes, göttliches Liebeslicht.

Ich bin geliebt von meiner Überseele.

Mein Seelenlicht ist unendlich, ewig und gesund.

Ich bringe Glück, denn meine Seele schwimmt in einem Meer von Glück.

Alle meine Zellen sind durchflutet mit meinem Seelenlicht.

Ich liebe die Liebe und die Liebe liebt mich

Ich betrachte das Leben als DIE Gelegenheit, Liebe zu verschenken

Meine Seele liebt Deine Seele und Deine Seele liebt meine Seele

Mein Überherz schlägt im Einklang mit dem kosmischen Herz und meinem Herzen

Alles hüpft in mir vor Freude, da es so viel zu lieben gibt

Alle Liebe und Freude was ich heute schenke, kommt millionenfach
zurück

Ich befinde mich in Harmonie mit ALLEM und JEDEM

Ich bin eine wundervolle Seele und liebe mich selbst

Mit meiner goldenen Leinwand in meiner Layout Ebene kreiere ich
nur Wunder

Mein Higher Mind liebt mich so sehr und flüstert mir unendliche Liebe
zu

Meine Seele strahlt Wärme und Liebe aus

Alle Beziehungen in meinem Leben sind harmonisch und erfüllt

Seelenstaub atme ich ein und aus

Die Weisheit meiner Seele entfaltet sich jetzt
Mein Seelenlicht scheint wie die Sonne und erfüllt alles in meinem
Leben
Ich liebe mich selbst und mein Herz fließt über vor dieser Liebe

Meine Seele erstrahlt

Weisheit und spirituelle Intelligenz sind eine pulsierende Energie in
meinem Leben

Ich liebe mein Leben, mich selbst, meine Familie und meine Freunde
und sie lieben mich

Ich bin geboren um zu lieben und geliebt zu werden

Ich bin das Gute

Mein Blueprint besitzt alle Werkzeuge, die ich benötige um erfolgreich zu sein

Ich bin die Kraft des Guten meiner Seele

Meine Seele ist meine Kraftquelle

Vollkommene Seelenliebe ist im Überfluss, in jedem Moment, vorhanden

Ich liebe meine Seele und meine Seele liebt mich

Mein Herz ist weit offen und somit strahlt meine Seele durch es in die Welt

Ich finde immer Liebe, egal wo ich bin oder was ich mache, denn wir Seelen sind immer verbunden.

An meiner Seite wachsen ALLE

Ich bin reich, aller Reichtum liegt schon in meiner Seele.

In meinem Unterbewusstsein existiert ein wunderbares Team von Cheerleader, die mich anfeuern, aufbauen und feiern

Ich bin reich an Seelenenergie

Wunder folgen jetzt auf Wunder

Ein Seelenwunder nach dem anderen, entfaltet sich jetzt in meinem Leben

Ich weiß, dass was auch immer geschieht, zu meinem Besten ist

Ich vergebe allen Menschen, die mich jemals verletzt haben, denn meine Seele vergibt ihrer Seele und ihre Seele vergibt meiner Seele

Meine Seele entfaltet sich jeden Tag mehr und mehr

Mein zauberhaftes Bewusstsein steht in inniger Verbindung mit meinem Higher Mind

Das Leben liebt mich

Mein Seelenglanz erfüllt alles, egal wohin ich gehe

Der Glanz meiner Seele ist mein größter Schutz

Mein Seelenweg erblüht jetzt direkt vor mir in goldenem Licht

Ich gehe meinen Weg voller Sicherheit, denn ich weiß, dass ALLES was zu mir gehört jetzt auch zu mir kommt. Einfach, leicht, da es mich findet

Die göttliche Wiedergutmachung tritt jetzt in Kraft und alles was mir bestimmt ist kommt jetzt zu mir, aus allen Richtungen der Zeit

Meine Seele hüpft vor Freude und Entzücken

Meine Seele spielt eine große Rolle

Meine Seele entfaltet jetzt jegliches Wunder in meinem Leben

Meine Seele ist ein strahlendes Leuchtfeuer des Licht, das mich zu meinem höchsten Potential führt.

Ich vertraue auf die Weisheit und die Führung meiner Seele, das sie mich auf den richtigen Weg führt.

Ich bin mit der unendlichen Kraft des Universums verbunden und meine Seele ist der Kanal für diese göttliche, universale Energie.

Ich umarme die einzigartigen Geschenke und Talente die in meiner Seele liegen und teile sie voller Dankbarkeit und Freude mit der Welt.

Ich bin ein so kraftvoller Mitschöpfer und ich manifestiere jetzt all meine wahren Seelen-Wünsche im Zauber meines Seelenlichts.

Meine Seele ist unverwüstlich und vollkommen ausgestattet und fähig alle Herausforderungen die sich mir zeigen, zu meistern.
Ich ehre die Heiligkeit meiner Seelenreise und vertraue dem göttlichen Timing.

Aus den Tiefen meiner zauberhaften Seele, strahle ich Liebe, Mitgefühl und Freundlichkeit aus, die das Leben der anderen berührt.

Ich bin es wert, all die Segnungen und die unbeschreibliche Fülle zu empfangen, was das Universum für mich auf Leger hat.

Ich bin ein göttliches Lichtwesen und meine Seelenbestimmung ist es hell zu leuchten und einen positiven Eindruck in der Welt zu hinterlassen.

Meine Seele ist eine endlose Quelle der Liebe, Mitgefühl, Freude und Leichtigkeit und ich teile mein Licht mit allen Lebewesen.

Ich vertraue meinem göttlichen Seelenplan, der sich vor mir entfaltet, mit der Gewissheit mein Seelenpotential zu erfüllen.

Ich lasse jetzt meine limitierenden Glaubenssätze los und umarme alle meine neuen, unendlichen Möglichkeiten die aus den Tiefen meiner Seele aufsteigen.

Ich bin ein Kelch der göttlichen Weisheit und ich erlaube der
göttlichen Führung meinen Seelenweg zu erleuchten.

Ich honoriere und nähre jetzt meine Seele mit Selbstliebe,
Selbstwert, Selbstvertrauen und Selbstrespekt und dadurch auch
meine Mitmenschen mit Mitgefühl, Empathie und Liebe.

Ich stehe in der wundervollen Verbindung mit dem kollektiven
Seelenbewusstsein und ich weiß das mein Seelenlicht der Heilung
und der Transformation Aller dient.

Ich bin ein Magnet für positive Energie und positive Erlebnisse und
ziehe nur das höchste und beste für meine Seele an.
Ich glaube an die natürliche Power meiner Seele, alles heilen und
wieder herstellen zu können, in allen Bereichen meines Lebens.

Ich bin es wert alle Liebe, alle Fülle und alle Segnungen zu erhalten,
was das Universum für mich bereit hält.

Ich segne meine Seelenreise und mein Wachstum, wissend das
meine Seelenevolution wirklich ein heiliger, beschützter und
zauberhafter Prozess ist.

Bitte erinnere dich immer daran, das Affirmationen dann eine
Wirkung zeigen, wenn du sie oft, mit ganzem Enthusiasmus
wiederholst, vor allem mit deiner ganzen Seelenliebe.
Wähle dir täglich die Affirmation aus, die am meisten in Resonanz
geht mit deiner Seele. Lass dir die Affirmationen dienen als eine
stetige Erinnerung an dein wahres Sein- deine Seele.

Schreibe dir eigene Affirmationen auf:

Die Magie der freigesetzten Seelenessenz

Wenn du den Schleier der Schattenkreationen lüftest und deine Seelenessenz in ihre volle Pracht entlässt, beginnt ein wunderschöner Tanz der Verwandlung. Diese Essenz ist der reine Ausdruck deiner wahren Natur—unauslöschlich, ewig und voller Licht. Sobald sie sich entfaltet, wirkt sie wie eine Quelle unendlicher Möglichkeiten, die alle Aspekte deines Lebens berührt und erleuchtet.

Die Freude, deine Seele zu leben, ist eine unvergleichliche und tiefgreifende Erfahrung. Es ist, als würdest du nach langer Suche endlich nach Hause kommen, in den Hafen deiner wahren Essenz. Wenn du aus der Freude deiner Seele lebst, erlebst du eine Erfüllung, die über das Alltägliche hinausgeht—eine Freude, die aus der Verbundenheit mit deiner eigenen Wahrheit und dem Universum erwächst.

Durch das Leben deines vollen Potenzials öffnest du die Türen zu einer Welt voller Wunder und Magie. Jede Entscheidung, jede Handlung, wird von Klarheit und Authentizität getragen. Du bist zum Architekten deiner eigenen Realität geworden. Aura Architektur ist dir nicht mehr fremd, denn du hast gelernt deine Energien zu lenken, zu benutzen und damit zu erschaffen. Ich wünsche dir, das deine goldene Leinwand ein fester Bestandteil geworden ist und du sie täglich benutzt, so dass sich Harmonie und Erfüllung in deine täglichen Erlebnisse verbreiten. Dein Herz pulsiert im Rhythmus des Universums, und alles, was du tust, wird mit Bedeutung und Freude erfüllt sein. Über dein 3. Auge schaust du wieder ins Licht, in die wundervollen Bewusstseinsebenen. Hörst wieder die liebevolle Stimme deines Higher Minds, dein Cheerleader Team Unterbewusstseins kann dir zu jubeln und vieles mehr. Du wirst viele positive und wundersame Veränderungen wahrnehmen und auch in den verschiedenen Lebensfeldern.

Wenn du deiner Seele Raum gibst, sich auszudrücken, beginnt die Magie des Lebens, sich zu entfalten. Du ziehst Erfahrungen und Menschen in dein Leben, die mit deinem wahren Ich resonieren und die dein Wachstum und deine Freude nähren. Kreativität fließt durch dich hindurch, und du findest neue Wege, deine Einzigartigkeit auszudrücken.

Positive Auswirkungen in den Lebensfeldern:

1) Finanzen/Geld:

- Durch die Freisetzung deiner Seelenessenz ziehst du Fülle und Wohlstand an. Geld ist Energie, mit dem freisetzen deiner wahren Energie, setzt du auch deine Geldenergien frei. Du verdienst Fülle und Reichtum. Du wirst in diesem Lebensbereich eine wundersame Wandlung feststellen, mit neuen Möglichkeiten, Wohlstand zu schaffen und zu teilen, werden sichtbar und erlauben dir, großzügig im Geben und Empfangen zu sein.
- Das Konzept von Geld als Energiefluss lehrt uns, dass Wohlstand nicht nur in materiellen Besitztümern gemessen wird, sondern auch in der Freiheit und Fülle, die wir in unserem Leben schaffen können. Wenn du beginnst, deine eigene innere Energie freizusetzen und in all ihren Facetten zu leuchten, kannst du diesen natürlichen Fluss von Fülle und Möglichkeiten in dein Leben einladen.
- Wenn du finanziellen Wohlstand als eine Form von Energie begreifst, wird der Mangel an Bedeutung verlieren. Du verstehst, dass es darum geht, die eigene Frequenz zu erhöhen und den inneren Widerstand loszulassen, der den natürlichen Fluss blockiert.

2) Beziehung:

- In Beziehungen erblüht die pure Integrität und Ehrlichkeit deiner Essenz. Du kommunizierst klar und mit offenem Herzen, was tiefe, vertrauensvolle Verbindungen fördert. Du ziehst Menschen in dein Leben, die deine Werte teilen, und gemeinsam feiert ihr das Wunder der Liebe und des gegenseitigen Wachstums.

- Mit dieser tiefen, innigen Beziehung zu dir selbst ändert sich die Schwingung deines gesamten Wesens. Du strahlst eine Authentizität und ein Selbstbewusstsein aus, das unwiderstehlich ist. Die Liebe, die du dir selbst schenkst, zieht nun auch Liebe von außen in dein Leben—Liebe, die wahrhaftig und erfüllend ist. Diese wachsende Selbstliebe entfaltet sich wie eine Blume und zieht die Aufmerksamkeit des Universums auf sich.
- Im Fluss dieser Energie betritt sicherlich eine wundervolle Liebesbeziehung dein Leben, oder deine beständige Liebesbeziehung verbessert sich ungemein. Eine Verbindung, die deine Seele nährt und bereichert. Diese Beziehung wird von gegenseitiger Wertschätzung, Freude und Unterstützung getragen. Sie spiegelt die Liebe wider, die du in dir kultiviert hast, und bietet dir die Gelegenheit, sie mit einem besonderen Menschen zu teilen.

3) Familie:

- Innerhalb der Familie steigerst du Harmonie und Unterstützung. Deine authentische Präsenz inspiriert deine Lieben, ihre eigenen Seelen zu entfalten. Eine Atmosphäre der Akzeptanz und des bedingungslosen Verständnisses entsteht, wo jeder ermutigt wird, seine eigene Wahrheit zu leben.
- **Selbstbewusstsein:** Erlaube dir, deinen eigenen Wert zu erkennen und zu feiern. Dies zieht positive Energie in Form von Möglichkeiten und Wertschätzung an. Und das schönste Geschenk was man einem anderen geben kann ist, das man nach sich selbst schaut und ihm die Wertschätzung und das Vertrauen schenkt, das er nach sich schauen kann.
- **Dankbarkeit:** Übe Dankbarkeit für das, was bereits in deinem Leben ist und für jede einzelne Person in deinem Leben. Dies öffnet die Tür zu einem reichhaltigeren Fluss, indem es den Mangelgedanken vertreibt und du wahrnimmst, wie geliebt du bist.

- **Geben und Empfangen:** Finde Balance im Geben und Empfangen, um die Energie sowohl zu fördern als auch zu genießen. Wenn du gibst, ohne Erwartung, gestaltest du einen Kanal, der auch das Empfangen ermöglicht. Wunder geschehen in deiner Familie.
- **Fokussierung:** Richte deine Energie auf Projekte, die dich begeistern und inspirieren. Dein echter Enthusiasmus wird einen mächtigen Strudel von kreativem Ausdruck und Fülle erzeugen und deine gesamte Familie begeistern.

4) Karriere:

- In deiner beruflichen Laufbahn navigierst du mit Klarheit und Entschlossenheit. Deine Talente und Fähigkeiten fließen mühelos ein, und du findest Erfüllung in der Arbeit, die deiner Seelenmission entspricht. Du wirst als natürlicher Leader und Innovator anerkannt, der andere durch Positivität und Vision inspiriert.
- In dem Moment, in dem du beginnst, voller Begeisterung und Leidenschaft zu leben, trittst du in eine schöpferische Energie ein, die alles um dich herum beeinflusst. Du ziehst Gelegenheiten und Menschen an, die mit deiner Energie resonieren, förderst Wachstum und Erfüllung in allen Aspekten deines Lebens und erlebst eine Synchronizität, die dein tägliches Sein bereichert. ALLE TÜREN ÖFFNEN SICH.
- Der Schlüssel liegt darin, auf das Flüstern deines Herzens zu hören und den Mut zu finden, dieser inneren Führung zu folgen. Indem du dich dem Leben mit offenem Herzen hingibst, siehst du, dass deine Lebensaufgabe nicht ein Ziel ist, das in der Ferne liegt, sondern ein Weg, der sich mit jedem Schritt, den du in Freude und Liebe gehst, entfaltet.

5) Gesundheit:

- Die neue Energie, die Freude, der Frieden und die voll entfaltete Seelenessenz können tiefgreifende positive Auswirkungen auf deine Gesundheit haben. Wenn du aus einem Raum der inneren Harmonie und Begeisterung lebst, beeinflusst das nicht nur dein geistiges und emotionales Wohlbefinden, sondern auch dein physisches Befinden in vielerlei Hinsicht, denn alles ist Frequenz!

- Gestärktes Immunsystem: Freude und innerer Frieden fördern die Freisetzung positiver Neurotransmitter und Hormone, wie Serotonin und Dopamin, die das Immunsystem stärken. Dies erhöht deine Widerstandsfähigkeit gegenüber Krankheiten und verbessert die allgemeine Gesundheitsvorsorge.

○ Reduzierter Stress: Wenn du in Harmonie mit deiner Seelenessenz lebst, sinkt dein Stresslevel erheblich. Dies führt zu einer geringeren Ausschüttung von Stresshormonen wie Cortisol, was das Risiko von stressbedingten Erkrankungen reduziert.

○ Verbesserte emotionale Gesundheit: Die Freude und der Frieden, die du verspürst, tragen zu einem stabileren emotionalen Zustand bei. Emotionale Ausgeglichenheit kann Depressionen und Angstzustände lindern, was zu einer besseren psychischen Gesundheit führt.

○ Erhöhte Energie und Vitalität: Deine neue schwingende Energie gibt dir ein Gefühl von Vitalität und Schwung, das den gesamten Körper belebt. Mit mehr Energie erreichst du leichter deine gesundheitlichen Ziele und fühlst dich insgesamt wohler und lebendiger.

○ Bessere Schlafqualität: Frieden und Freude fördern ruhigen, erholsamen Schlaf. Ein ausgeruhter Korper regeneriert sich effektiver, was zu besserer Gesundheit und besserem zellulärem Reparaturmechanismus führt.

○ Förderung gesunder Verhaltensweisen: Wenn dein Geist positiv eingestellt ist und du in deiner Seelenessenz verwurzelt bist, bist du eher geneigt, gesunde Entscheidungen zu treffen—von der Ernährung über Bewegung bis hin zu sozialem Wohlbefinden.

° Körper-Geist-Verbindung: Deine Seelenessenz trägt zu einer starken Verbindung zwischen Körper und Geist bei. Diese Einheit hilft, körperliche Beschwerden zu vermindern und fördert das allgemeine Wohlbefinden.

Wenn du die Magie deiner Seelenessenz umarmst und dein volles Potenzial lebst, gestaltest du ein Leben voller Wunder und Erfüllung. Du darfst deine Einzigartigkeit in die Welt tragen, indem du deine Farben zeigst und deine Wahrheit ausdrückst. Je mehr du dies tust, desto mehr wirst du zu einem Leuchtturm der Authentizität und inspirierst andere, dasselbe zu tun. in der Verbindung mit deiner Seele findest du einen unerschütterlichen Frieden, der dir in den Herausforderungen des Lebens Halt gibt. Du weißt, dass du tief in dir die Resilienz hast, um jede Schwierigkeit mit Anmut und Weisheit zu meistern. Dieser innere Frieden bringt eine Freude hervor, die nicht von äußeren Umständen abhängig, sondern in deinem Sein verwurzelt ist. Möge diese Reise dir Liebe, Freude, Frieden und eine tiefe Verbundenheit mit der Welt um dich herum schenken und möge deine Begeisterung ist eine kraftvolle Energiequelle, die dich mit Motivation und Ausdauer speist. Sie treibt dich an, neue Horizonte zu entdecken und das Leben in seiner Fülle zu erleben.

Sei ein Leader

Wir sind am Ende meines Buches angelangt. Du hast viel gelöst und viele Werkzeuge bekommen, dass du dich nie wieder in den Schattenkreationen verfängst.

Aber jetzt ist es Zeit umzusetzen, bringe es in die Gegenwart, in die Realität. Denke wie ein Millionär, handle mit Kraft und Ausdauer, sei der Star in deinem Leben und ein Segen für die Welt. Du bist ein Leader, mit geheiltem Herzen, der seine Visionen in der Welt manifestiert!

Ein gesundes Mindset ist der Schlüssel, um wahrhaftig erfolgreich zu sein und Großes auf der Welt zu erreichen. Es beginnt mit der Überzeugung, dass du die Fähigkeit besitzt, dein Leben aktiv zu gestalten und Positives zu bewirken. Dieses Mindset ebnet den Weg für herausragende Erfolge und die Erfüllung deiner kühnsten Träume.

Stell dir vor, wie du jeden Tag mit einer klaren Vision und einem unerschütterlichen Glauben an deine Fähigkeiten beginnst. Du siehst Hindernisse nicht als unüberwindbare Barrieren, sondern als Chancen zur Weiterentwicklung, als Sprungbretter für neue Möglichkeiten und das IMMER was Schönes aus ALLEM entsteht. Mit dieser Haltung ziehst du Möglichkeiten an und navigierst jede Herausforderungen mit Zuversicht und Entschlossenheit.

Erfolg ist nicht nur das Erreichen eines Ziels, sondern auch die Reise selbst. Mit einem gesunden Mindset bereitest du dich darauf vor, in jedem Moment das Beste zu geben und aus jedem Fehler zu lernen. Du wirst belastbarer, flexibler und erfindungsreicher, und diese Qualitäten machen dich wirklich herausragend.

Wenn du diese innere Ausrichtung mit Leidenschaft und konstanter Arbeit kombinierst, wirst du nicht nur Erfolg erleben, sondern auch als Leuchtturm der Inspiration für andere dienen. Sei ein Leader und ich weiß, das dein Engagement und deine Authentizität die Kraft haben, große Veränderungen in der Welt zu initiieren. Du kannst Gemeinschaften voranbringen, Innovationen fördern und einen echten Unterschied im Leben der Menschen machen.

Setze dir große Ziele, pflege eine proaktive Perspektive und umgib dich mit unterstützenden Menschen. Mit einem gesunden Mindset bist du bestens gerüstet, um nicht nur erfolgreich, sondern auch außergewöhnlich zu sein. Die Welt wartet auf das, was du zu bieten hast – geh hinaus und hinterlasse deinen unvergesslichen Abdruck!

Am Ende dieser Reise stehst du nun mit einem Herzen voller Erkenntnisse und einer Seele, die bereit ist, in die Welt hinauszutreten. Alles, was du bisher gelernt und gelöst hast, ist ein wertvolles Fundament - doch jetzt ist es wirklich an der Zeit, all das Wissen in die Tat umzusetzen. Lass die Schattenkreationen der Vergangenheit hinter dir und richte deinen Blick auf die kraftvolle Gegenwart.

Beginne zu denken wie ein Millionär, voller Zuversicht und visionärer Weitsicht. Handle mit der Kraft und der Ausdauer eines Leaders, der seine Bestimmung kennt und bereit ist, sie zu leben. Sei der Star in deinem eigenen Leben, erleuchte deinen Weg mit der Klarheit und dem Mut, den du in dir trägst. Dein geheiltes Herz ist die Quelle unendlicher Möglichkeiten und des tiefen Mitgefühls.

Du bist nicht nur ein Teil dieser Welt – du bist ein Segen für sie. Deine Visionen sind einzigartig und bedeutsam, und die Welt wartet darauf, dass du sie manifestierst. Nutze deine innere Stärke und lass deine Träume Realität werden. Geh voran, inspiriere andere und erschaffe eine Welt des Lichts und der Liebe durch deine Taten und dein Sein.

Jetzt ist die Zeit gekommen. Die Bühne gehört dir. Setze deine Träume um und erlebe die Magie, die entsteht, wenn Leidenschaft Wirklichkeit wird. Du bist bereit, die Welt mit deinem strahlenden Licht zu bereichern.

Danksagung

Mein geliebter Leser, meine geliebte Leserin
Ich schreibe diese letzten Zeilen meines Buches mit einem Herzen
gefüllt voller Dankbarkeit und Anerkennung für dich. Du hast dich mit
mir auf die Reise zu deiner Seele gemacht und deine Präsenz und
dein Engagement bedeuten die Welt für mich!
Ich fühle mich wahrlich geehrt das du mit mir die Heiligkeit deiner
Seele geteilt hast. Vielen Dank das du dein Herz und deine Seele für
die Weisheiten und Einsichten in all den Seiten des Buches geöffnet
hast und es ist mein tiefster Wunsch, das ich deine Seele berührt
habe, Inspiration ausgelöst habe und dir Anleitungen geben konnte
für deinen eigenen Seelenweg, hin zu Entfaltung und Wachstum.
Dein Engagement für deine persönliche Transformation und dein
Wille mein Buch bis zum Ende zu lesen sollten dich stolz machen
und dir zeigen, wie mutig du bist. Denn den Ruf deiner Seele zu
hören und die Reise der Selbstreflexion zu beginnen zeigt innere
Stärke und den Wunsch in dir, dein volles Potential zu leben!
Bitte sei dir klar, das DEINE Reise, mit den letzten Zeilen dieses
Buches nicht endet, sondern jetzt erst beginnt!
Integriere das Gelernte in dein tägliches Leben, teile es mit der Welt.
Verzaubere die Seelen, die dich umgeben und vertraue in die Kraft
deiner Seele!
Man kann dir noch so viel erzählen, du weißt jetzt, ALLES LIEGT IN
DIR!
Du hast alles vorbereitet und du bist eine wundervolle
Zusammensetzung aus deinem Seelenkern, deiner ÜBERSEELE. In
ihr ruht dein ÜBERHERZ, was im direkten Kontakt steht mit dem
kosmischen Herz und deinem Herz.
Tief verbunden kommt dann deine INDIVIDUELLE SEELE, vereint
mit DEINEM HIGHER MIND, der sich teilt in deine LAYOUT EBENE
UND DEN BLUEPRINT!
Dann kommt eine Komposition für die gesamte Welt- das
MASSENKOLLEKTIV, um dann über zu gehen und deinen
INDIVIDUELLEN LEVEL, womit du sanft übergehst in dein
UNTERBEWUSSTSEIN und von da aus findet es Eintritt in dein

BEWUSSTSEIN UND PHYSISCHEN MIND, wo es zu einer
perfekten Symphonie, dich dich zum Ausdruck kommt.
Du bist vollkommen!
Auf deiner Seelenreise kannst du wann immer du es brauchst auf
dieses Buch zurückgreifen oder mich auch gerne auf einem anderen
Wege kontaktieren!
Denke immer daran DU BIST NICHT ALLEINE!
Schon dadurch nicht, weil du die Magie der Seelen wahrnehmen
wirst, all deine Hilfen und Helfer und wer weiß welche neue,
zauberhafte Seele auf dich wartet.
Dann weißt du, dass das Universum immer FÜR dich da ist und vor
allem wird dich ab heute deine Seele leiten, mit ihrem uralten
Wissen! Vertraue dem Flüstern deines Herzens, denn du weißt das
es das Sprachrohr deiner Seele ist und von deinem dich
beschützenden Higher Mind.
Du wirst sicher deinen Seelenweg begehen, der vorbereitet ist für
dich mit jeder Menge Glück, Magie und Wunder!
Und zum Abschluss würde ich dir gerne meine Lieblingsaffirmation
schenken. Ich liebe sie, denn sie widerspiegelt das unendliche
Vertrauen in die Bewusstseinsebenen, in Gott, in die Überseele, den
Higher Mind und alle wundervollen Helfer!
"Es ist Goldstaub in der Luft für mich. Durch mein entschiedenes,
klares, bejahendes Denken beginne ich jetzt, diesen Goldstaub zu
absorbieren, und eben jetzt beginne ich auch, Goldstaub-Ergebnisse
zu erleben!"

Aus tiefstem Herzen vielen Dank und in diesem Sinne, küsst meine
Seele deine Seele.

In tiefer Liebe
Deine Nadine

Kontaktdaten:

Website:
www.nadinesimmerock.com

Instagram:
@nadine_simmerock

YouTube-Kanal, um meine Meditationen zu machen (deutsche,
englische und spanische Versionen) und um meine Podcasts
anzuhören:
@NadineSimmerock

Viel Freude mit allem!
Deine Nadine